HIER
SCHMECKT'S

HIER
SCHMECKT'S

129
AUSGEZEICHNETE
GASTHÄUSER
IN BAYERN

Regional
Saisonal
Original

VOLK VERLAG MÜNCHEN

Die Deutsche Bibliothek verzeichnet diese Publikation in der
Deutschen Nationalbibliografie; detaillierte bibliografische Daten
sind im Internet über http://dnb.ddb.de abrufbar.

© 2019 by Volk Verlag München
Neumarkter Straße 23, 81673 München
Tel. 089/42079698-0, Fax 089/42079698-6
www.volkverlag.de

Texte: Julia Muther
Druck: DZS Grafik, d.o.o., Ljubljana

ISBN 978-3-86222-305-3

INHALT

VORWORT

◆ Die „Ausgezeichnete Bayerische Küche" ist ein Qualitätssiegel für echte bayerische Spitzengastronomie. „Regional. Saisonal. Original." – das ist nicht nur das Konzept des Siegels, so lautet auch das Motto der ausgezeichneten Wirte.

Alle sind mit Leib und Seele Gastgeber, denen es wichtig ist, mit heimischen landwirtschaftlichen Qualitätsprodukten zu arbeiten. Sie nutzen die kulinarischen Höhepunkte jeder Jahreszeit gezielt aus und pflegen eine enge Zusammenarbeit mit den Landwirten und Herstellern aus der Region. Sie wollen die reiche Kochkunst der regionalen Küche in ihrer Vielfalt erlebbar machen. Kurzum: Sie setzen auf alles, was unsere bayerische Heimat kulinarisch auszeichnet und leisten mit nachhaltigem, ökologischem Wirtschaften auch einen Beitrag zur Förderung und zum Erhalt der Natur- und Kulturlandschaften.

Der offizielle Startschuss der „Ausgezeichneten Bayerischen Küche" fiel im Sommer 2013. Das Qualitätssiegel mit frischem Erscheinungsbild erlaubt nun die viel gewünschte fortlaufende Klassifizierung aller teilnehmenden Betriebe ohne zeitliche Gebundenheit und wird in Form von klassisch-bayerischen Rauten verliehen – passend zur regionalen Ausrichtung. Auch der Zusammenschluss von Wirt und regionalen Produzenten soll gefordert und gefördert werden.

Das Siegel „Ausgezeichnete Bayerische Küche" wird auf freiwillige Initiative der Gastwirte vergeben, ist aber nicht kostenfrei. Das beeinflusst positiv die Anmeldung aufrichtig interessierter Gastronomen, die mit absolutem Engagement hinter dem Konzept „Regional. Saisonal. Original." stehen und sich um eine Klassifizierung bemühen. Unabhängige Tester kontrollieren die Betriebe und können sich dabei auf die klaren Richtlinien eines festen Bewertungskatalogs berufen. Vier Kategorien entscheiden in folgender Gewichtung über den Erfolg:

1 **PRODUKTQUALITÄT:** Herkunft und Qualität der Waren; Vielfalt, Innovation und Kreativität des Angebots; möglichst regionaltypische, gesunde und abwechslungsreiche Gerichte; Geschmack

2 **DIENSTLEISTUNGSQUALITÄT:** Gestaltung der Speisekarten; zuvorkommender Umgang mit den Gästen; Fachkenntnisse des Personals

3 **„VOR DEN KULISSEN" – RÄUMLICHKEITEN:** Gestaltung der Gasträume; Sauberkeit

4 **„HINTER DEN KULISSEN" – MANAGEMENT:** Hygiene, Organisation und Abfallwirtschaft in Küche und Lagerräumen; Sauberkeit der Sanitärräume

58%
Produktqualität

22%
Dienstleistungs-
qualität

11%
Hinter den Kulissen

9%
Vor den Kulissen

Bis zu drei bayerische Rauten bezeugen schließlich die erfolgreiche Bewertung und Verleihung des Siegels „Ausgezeichnete Bayerische Küche". Schon die erste Raute steht dabei für außergewöhnliche Kochkunst und Gastgeberschaft. Drei Jahre behält das Siegel
seine Gültigkeit, muss also regelmäßig zur Garantie gleichbleibend hoher Qualität erneuert werden.

Seit der Einführung der „Ausgezeichneten Bayerischen Küche"
haben bereits über 500 Gastronomen ihre Bewerbungen einge-

reicht. 129 Betriebe, die aktuell das Qualitätssiegel tragen dürfen, sind in diesem Buch mit einem Porträt vereint. Mit einem Blick kann die Anzahl der verliehenen Rauten sowie die Lage des prämierten Gasthauses in Bayern erfasst werden. Piktogramme weisen auf die Besonderheiten des Betriebes hin:

 Hauseigene Brauerei

 Hofladen: Verkauf selbst hergestellter Produkte

 Wellnessangebot

 Hauseigene Metzgerei

 Biergarten, Sonnenterrasse, Freischankfläche

 Übernachtungsmöglichkeit

Heimische Kochkultur und Kochtradition prägen das Bild einer jeden Region. Auch in unserem schönen Freistaat sind sie ebenso entscheidend für das Heimatgefühl in Altbayern, Franken und Bayerisch-Schwaben wie für das authentische Erleben von Land und Leuten bei allen Besuchern Bayerns. Beste Qualität, Nachhaltigkeit und das klare Bekenntnis zum bayerischen Genuss mit allen Sinnen – für all das stehen die mit dem Qualitätssiegel „Ausgezeichnete Bayerische Küche" prämierten Gasthäuser.

GRUSSWORT
MICHAELA KANIBER
Bayerische Staatsministerin für Ernährung,
Landwirtschaft und Forsten

◆ „Ausgezeichnete Bayerische Küche" – das ist nicht nur ein
Qualitätssiegel, das ist ein Versprechen für regionale bayerische
Küche an die Gäste. Die Ausgezeichnete Bayerische Küche bedient
damit den Wunsch vieler Gäste nach authentischen Speisen und
Getränken – diese sollen wieder nach Heimat schmecken! Regionalität geht dabei Hand in Hand mit Saisonalität.
„Die guten Dinge zur rechten Zeit" – das ist das Rezept für höchste Qualität und gelebte Nachhaltigkeit. Die ganzjährige Verfüg-
barkeit von allem ist kein Mehr, sondern ein Verzicht auf Frische,
auf Abwechslungsreichtum und die Möglichkeit, im Jahresverlauf
die Saison ansprechend darzustellen. Hinzu kommt das Wesen eines bayerischen Wirtshauses: seine Originalität. Der Wirt wie
auch der Koch sind Persönlichkeiten mit individueller Hand-
schrift, die oft lokale Besonderheiten pflegen und sich damit von
dem uniformierten Erscheinungsbild der Systembetriebe unter-
scheiden. „Regional.Saisonal.Original." – liebe Leserinnen und
Leser, das sind die Leitgedanken der „Ausgezeichneten Bayerischen Küche. Da steckt viel Wissen, Können und Leidenschaft da-
hinter.

Tag für Tag vollbringen unsere bayerischen Wirtsfamilien herausragende Leistungen. Glauben Sie mir, die ich selbst aus der
Gastronomie stamme, ich weiß, wie schön die Arbeit in der Gastronomie ist: Die Freude, die immer weiter antreibt, wenn die Gäste zufrieden sind und eine gute Zeit im Gasthaus erleben, wie
auch das tolle Gefühl, mit einem starken Team arbeiten zu können. Ich kenne aber auch die vielen Herausforderungen, denen

unsere bayerischen Gaststätten die Stirn bieten müssen, um das – oft über Generationen familiengeführte – Gasthaus weiter mit all seiner Einzigartigkeit und Tradition lebendig zu erhalten. Unsere ausgezeichneten Küchen wissen: „Von nix kommt nix". Und deshalb braucht die echte regionale Küche auch regionale Zutaten – möglichst direkt vom Erzeuger. Unsere Wirtshauslandschaft mit einer Vielzahl solcher lebendigen Gasthäuser macht uns in Bayern unschlagbar!

Zur Bayerischen Genusskultur gehört auch unsere traditionsreiche Bier- und Braukultur. Daher gibt es seit 2017 die Zusatzauszeichnung „Ausgezeichnete Bierkultur". Sie unterstreicht die Rolle Bayerns als Heimat des Bayerischen Bieres und trägt zum Erhalt dieses einmaligen kulinarischen Erbes bei! Sie signalisiert dem Gast: Hier wird die Genussvielfalt bayerischer Bierspezialitäten besonders gelebt.

Die gute und vertrauensvolle Zusammenarbeit, die mein Haus bereits seit vielen Jahren mit dem Bayerischen Hotel- und Gaststättenverband pflegt, ist mir, auch persönlich, ein Herzensanliegen. Vielen Dank hierfür!

Ich wünsche unseren Wirtinnen und Wirten der „Ausgezeichneten Bayerischen Küche" viele begeisterte Gäste sowie uns allen eine vielseitige, regional geprägte bayerische Küche.

GRUSSWORT
ANGELA INSELKAMMER

Präsidentin Bayerischer Hotel- und Gaststättenverband DEHOGA Bayern e.V.

◆ Jedes Fleckerl Bayerns beheimatet regionaltypische Zutaten, außergewöhnliche Zubereitungsarten, verschiedenste Bier- und Weinsorten und einzigartige Gerichte, die den Charakter der bayerischen Ess- und Trinkkultur maßgeblich prägen. Mit den Qualitätssiegeln „Ausgezeichnete Bayerische Küche" und „Ausgezeichnete Bierkultur" wird der Fokus auf diese kulinarischen Besonderheiten gerichtet; viel mehr noch: Sie sind Auszeichnung und Anerkennung für die Betriebe, die sich dem Erhalt dieser Kultur verschrieben haben.

Der weltweit erstklassige Ruf der bayerischen Küche soll damit erfolgreich belegt und zum Markenzeichen einer qualitativ hochwertigen Küchenkultur ausgebaut werden. Zudem profitiert die gesamte Region von der engen Zusammenarbeit zwischen den heimischen Landwirten und Erzeugern mit den Gastronomen.

Die Qualitätssiegel sollen aber nicht nur die Leistungen der Gastronomen und Lieferanten anerkennen, sondern zugleich ein verlässlicher Qualitätskompass für die Gäste sein, damit sie garantiert authentische und ausgezeichnete bayerische Wirtshäuser finden und den kulinarischen Reichtum Bayerns erleben können.

Zu den Leitgedanken der „Ausgezeichneten Bayerischen Küche" gehören hohe Qualität, heimische Produkte im saisonalen Wechsel und bester Service. Somit spielen Herkunft und Qualität der regionalen landwirtschaftlichen Produkte ebenso eine maßgebliche Rolle wie die Gastgeber, die ihr Wirtshaus mit hohem Engagement und herzlichen Mitarbeitern führen. Hierbei werden vor allem die Dienstleistungsqualität, Sauberkeit und Organisation auf Herz und Nieren geprüft. Für die Bewertung wurden in Kooperation mit dem Bayerischen Staatsministerium für Ernährung, Landwirtschaft und Forsten repräsentative Kriterien zusammengestellt. An dieser Stelle bedanke ich mich bei allen Beteiligten des Ministeriums für die ausgezeichnete Zusammenarbeit sowie bei der Bayern Tourist GmbH für die neutrale und professionelle Begutachtung der Wirtshäuser vor Ort und deren Einstufung.

Bei der Klassifizierung ist – und das ist mir sehr wichtig – nicht die Anzahl der Rauten, sondern die Auszeichnung an sich ein Aushängeschild für den Betrieb. Jeder Gast kann nach Geschmack und Geldbeutel entscheiden, welche Auszeichnungsstufe er auswählt. Und das Siegel garantiert, dass er bei jedem ausgezeichneten Betrieb ein Optimum an Qualität erwarten kann.

Die regionaltypische Küchenkultur der Gastronomiebetriebe wird bei der „Ausgezeichneten Bayerischen Küche" in den Mittelpunkt gerückt, genauso wie die Pflege bayerischer Wirtshaustradition und Gastlichkeit. Authentizität lautet hier die Devise. Lassen Sie sich von bayerischer Gastlichkeit und dem Genuss der regionalen Speisen überzeugen und statten Sie den ausgezeichneten Gasthäusern einen Besuch ab!

A. Inselkammer

SEITE / GASTHÄUSER

NIEDERBAYERN

Straubing

Landshut

Passau

A93

A92

Isar

Donau

A3

16

18

20

22

24

26

28

30

32

34

36

38

40

42

44

46

Landhotel
SPORTALM

◆ Früher Dorfschule, heute gehobene Küche: Fünfzig Jahre nach dem Umbau zum Gasthof sorgt Beate Hubig-Blöchl mit Sohn Benedict Roth in der Küche für glückliche Gästegesichter und aufgehende Gourmetherzen. Mit heimisch produzierten Zutaten zu kochen und sich dabei an dem zu orientieren, was die Natur im Jahreslauf wachsen lässt, ist selbstverständlich für das Team der Sportalm. Bachsaiblinge und Forellen kommen aus der nahen Haidmühle und Fleisch wird vom Metzger in Hinterschmiding bezogen. Die Karte wechselt alle paar Tage und bietet neben bayerischen Klassikern besondere Empfehlungen des Hauses: Die Schweinelendchen in der Kürbiskern-Panade mit hausgemachtem Kartoffelstampf sind hervorragend. Ebenso schmackhaft kommt das Rinderlendensteak vom Bayerwald-Bullen daher, serviert mit Zwiebelmarmelade, Räucherspeck, Steakpommes und Sriracha-Mayonnaise. Der beste Freund des Menschen ist im Landhotel auch ein gern gesehener Gast. Für Vierbeiner gibt es nicht nur Leckerlis, sondern auch Kurse wie das Anti-Jagd-Training oder spezielle Massagen.

Jeden Donnerstag von Juni bis September wird mit „Ben's BBQ" dem Grill eingeheizt; dazu gibt es ein großes Salatbuffet.

LAGE

Niederbayern
Philippsreut/Mitterfirmiansreut

KONTAKT

Landhotel Sportalm
www.hotel-sportalm.de
Gastgeber: Beate Hubig-Blöchl
Bischof-Firmian-Straße 21
94158 Philippsreut/Mitterfirmiansreut
Telefon: 08557 200

BEWERTUNG

BESONDERHEITEN

Bier- und Wohlfühlhotel
GUT RIEDELSBACH

◆ Auf Gut Riedelsbach dreht sich alles ums Bier. Der begehrte Gerstensaft wird hier aber nicht nur in Gläsern und Krügen ausgeschenkt, im Bier- und Wohlfühlhotel am Fuß des Dreisesselbergs im Bayerischen Wald kommt er sogar ins Bade-wasser – und natürlich auch auf den Teller. Liebhaber des flüs-sigen Golds kommen mit dem Biersenfschnitzel und dem gekoch-ten Rinderschnitzel mit Malzkruste voll auf ihre Kosten. Besonderes Augenmerk wird auf die Qualität und die regionale Herkunft der Produkte gelegt. Der Fleischlieferant ist zugleich auch der Bruder des Wirts: Auf dem Naturlandhof Sitter werden Weidemast-Rinder in Mutterkuhhaltung aufgezogen. Diese kulinarische Interpretation der niederbayerischen Lebensart – beste Zutaten, Liebe zum Kochen und Zeit zum Genießen – wurde 2010 bereits mit der Goldmedaille im Wettbewerb „Bayerische Küche" belohnt. Für die Menübegleitung hält Chef Bernhard Sitter als erster diplomierter Biersommelier-Wirt Deutschlands über vierzig Biersorten und dabei so manche Rarität und Kurio-sität zur Verkostung bereit.

Wissenswert: Als bisher einziger gastronomischer Betrieb wurde das Bier- und Wohlfühlhotel Gut Riedelsbach 2018 mit dem „Großen Preis des Mittelstandes" für das Bundesland Bayern ausgezeichnet.

LAGE

Niederbayern
Neureichenau

BEWERTUNG

BESONDERHEITEN

KONTAKT

**Bier- und Wohlfühlhotel
Gut Riedelsbach**
www.gut-riedelsbach.de
Gastgeber: Bernhard Sitter
Riedelsbach 12
94089 Neureichenau
Telefon: 08583 96040

Landgasthof
ZUM LANG

◆ Nur einen Katzensprung von Donau und österreichischer Grenze entfernt, in der hintersten Ecke Niederbayerns, steht ein Gasthof, den sicher auch die österreichischen Nachbarn gerne für sich beanspruchen würden. Immerhin fließen beim Gastgeberpaar Ursula und Franz Bauer im Landgasthof Zum Lang traditionelle Rezepte der bayerischen Küche mit Inspirationen aus der internationalen Küche zu herrlichen Genüssen zusammen. Vegane Gerichte liefert das Kochrepertoire der niederbayerischen Küchenchefin ebenso: Gefüllte Empanadas aus Tempura-Teig mit Maiscreme und Tomaten-Paprika-Salsa oder die Avocado-Orangen-Suppe mit Mandel-Ricotta-Nocken zeigen, wie herrlich es auch ohne tierische Produkte schmecken kann. Doch auch Fleischliebhaber kommen nicht zu kurz: Schweinebraten gibt's das ganze Jahr über, Rehbraten und Wildschweingulasch im Herbst und zur Kirchweih Gans. Für alle Gerichte kommen natürlich nur frische, vitaminreiche und herkunftsgesicherte Produkte zum Einsatz.

Der Landgasthof Zum Lang liegt direkt am südostbayerischen Jakobsweg und ist anerkannte Pilgergaststätte.

LAGE

Niederbayern
Untergriesbach

BEWERTUNG

◆ ◆

BESONDERHEITEN

KONTAKT

Landgasthof Zum Lang
www.landgasthof-lang.de
Gastgeber: Ursula Bauer
Alte Dorfstraße 29
94107 Untergriesbach
Telefon: 08593 93300

Landgasthof
ZUM MÜLLER

◆ Auch in den südöstlichen bayerisch-böhmischen Wäldern treten die kulinarischen Entwicklungen nicht auf der Stelle. Das beweist eindrucksvoll der Landgasthof zum Müller in Ruderting. Mit Markus Buchner, gelernter Koch auf Sterneniveau, wird die Speisekarte zur Leinwand. Zwar wird das Augenmerk auf die klassischen bayerischen Speisen gerichtet, aus den wechselnden Gerichten lassen sich jedoch herrliche Menüs zusammenstellen. Die rosa gebratene Entenbrust auf Portwein-Schalotten-Soße, Wirsingrahmgemüse und gebackenem Kartoffelstrudel sollte alle Fleischliebhaber glücklich machen, während das Zanderfilet mit Silvaner-Rahmsoße, Pfannengemüse und Basilikum-Risotto etwas für Fischbegeisterte ist. Auch ansonsten ist die gehobene, mediterran angehauchte Landhausküche für eine Überraschung gut: Wenn das Dreierlei vom Kalbskopf, gebackenen, marinierten Züngerl und gebackenen Hirn mit Kartoffel-Gurken-Salat auf den Tisch kommt, wird die altbayerische Küche zelebriert. Daneben sollten unbedingt die selbst gemachten Fischwürste aus Edelfischen probiert werden.

Nach einem gelungenen Abend sorgen gemütlich und modern eingerichtete Gästezimmer für erholsamen Schlaf und die nötige Energie für eine Tour durchs Passauer Land.

LAGE

Niederbayern
Ruderting

BEWERTUNG

◆ ◆ ◆

BESONDERHEITEN

KONTAKT

Landgasthof zum Müller
www.landgasthofzummueller.de
Gastgeber: Ingrid und Markus Buchner
Passauer Straße 16
94161 Ruderting
Telefon: 08509 1224

Hotel - Restaurant - Metzgerei

MAYERHOFER

◆ Seit knapp 115 Jahren bewirtet Familie Mayerhofer die ehemalige Klostertaverne im niederbayerischen Aldersbach – nun schon in der vierten Generation. Mit Leib und Seele servieren die Gastgeber original bayerische Schmankerln aus der hauseigenen Metzgerei. Im Gewölberestaurant oder im schattigen Biergarten kommen der ausgelöste Kalbskopf, gebacken nach Wiener Art, oder die eigens produzierte Milzwurst aus Kalbsinnereien und -fleisch, mit Natursoße und Kartoffel-Gurken-Salat, besonders schmackhaft zur Geltung. Darüber hinaus bietet die saisonal angepasste Tageskarte kreative Gerichte, die die Standardkarte rund um Schweinebraten, Zwiebelrostbraten oder das Böfflamott – nach einem Hausrezept von 1826 zubereitet – in bester Weise ergänzen. Nahezu alle Zutaten bezieht der Mayerhofer von regionalen Betrieben, das Schweinefleisch stammt vom Veitweber-Hof in Gumperting und Kartoffeln kommen vom Stoahagl'l aus Forsthart. Die Süßmäuler sollten übrigens – nicht nur wegen dem kreativen Namen – den „B'soffenen Zisterzienser-Mönch", lauwarmer mit Rum getränkter Schokoladen-Mandel-Auflauf an hausgemachtem Zwetschgenkompott, probieren.

Von Dienstag bis Freitag gibt es in der hauseigenen Metzgerei wechselnde Mittagsgerichte zum Genießen vor Ort oder zum Mitnehmen für daheim.

AUSGEZEICHNETE
BIERKULTUR

LAGE

Niederbayern
Aldersbach

BEWERTUNG

◆ ◆

BESONDERHEITEN

KONTAKT

Hotel – Restaurant – Metzgerei
Mayerhofer
www.mayerhofer.org
Gastgeber: Peter Mayerhofer
Ritter-Tuschl-Straße 2
94501 Aldersbach
Telefon: 08543 96390

Gasthaus

MURAUER

◆ Im Gasthaus Murauer in Simbach, im tiefsten Niederbayern, serviert Wirt Raphael Allgeier leichte, modern interpretierte Küche. Sein bayerisches Gasthaus hat den Charme einer italienischen Osteria, schließlich lässt sich der Chef vom Stiefelstaat zu bayerisch-mediterranen Gerichten inspirieren. „Gut und einfach – einfach gut": Dieses Motto verfolgen Allgeier und sein Team bei der Verwendung ihrer Zutaten. Aus der Region müssen sie sein und dabei besonders qualitativ. Die hervorragenden Rohstoffe „mitten vom Land" verleihen den Gerichten ihren unverwechselbaren Geschmack. Das „sauerne Lüngerl" mit Semmelknödel ist ebenso köstlich wie die mit mediterraner Hackfleischmischung gefüllten Teigtaschen. Und der mediterrane Einfluss dringt sogar bis zum in Bayern nahezu heiligen Schweinebraten vor: Im Murauer wird er mit Rosmarin und Tomate veredelt. Wer auf den Geschmack gekommen ist, kann dem Küchenteam bei verschiedenen Kochkursen über die Schulter schauen und den Meistern am Herd dabei sicher das ein oder andere Geheimnis entlocken.

Die Kulturschaffenden der Region bringen regelmäßig vom Konzert bis zur Kabarettveranstaltung ihr mitreißendes Programm auf die Bühne des Gasthauses.

LAGE

Niederbayern
Simbach

BEWERTUNG

BESONDERHEITEN

KONTAKT

Gasthaus Murauer
www.da-murauer.de
Gastgeber: Raphael Allgeier
Antersdorf 38
84359 Simbach
Telefon: 08571 9266240

Gasthof
WIRTSBAUER

◆ Der Gasthof Wirtsbauer liegt idyllisch im niederbayerischen Land, inmitten von grünen Wiesen, und ist seit 1929 im Besitz der Familie Bauer. Der Wirtsfamilie liegt die moderne und auch gesundheitsbewusste bayerische Küche am Herzen: Nur die frischesten Zutaten werden aroma- und vitaminschonend zubereitet. Den besten Überblick über die leichten ländlichen Klassiker hat der Gast dabei am „Schmankerlbuffet" oder am sonntäglichen Mittagstisch „Leichte Welle". Die Wirtsleute achten genau auf die Herkunft der verwendeten Produkte: Landwirte aus der direkten Umgebung liefern etwa das zarte Rind- und Kalbfleisch. Bekannt ist das Gasthaus für seine Themenessen: Gänse und Enten sorgen nicht nur in der Vorweihnachtszeit für Genuss in der großen Runde, beim zünftigen Raclette im „Kaibestoi" gilt „All you can eat" und zum „Wolperdinger Essen" mit Schweinebraten, Haxen, Rippchen und Surbraten gibt es auf Wunsch ein Fass Bier, an dem die flüssige Begleitung zum Essen selbst gezapft werden kann. In regelmäßigen Abständen wird der Wirtsbauer zudem zur Kunst- und Comedy-Bühne.

Wer bei einer Feier in den heimischen vier Wänden auf schmackhafte bayerische Gerichte setzen möchte, für den zaubert der Party- und Cateringservice des Gasthofs eine appetitliche Buffettafel.

LAGE

Niederbayern
Tann

KONTAKT

Gasthof Wirtsbauer
www.gasthof-wirtsbauer.de
Gastgeber: Brigitte Bauer-Stockner
Langeneck 2
84367 Tann
Telefon: 08561 1005

BEWERTUNG

◆ ◆

BESONDERHEITEN

Landgasthof Hotel Obermaier
ZUM VILSERWIRT

◆ Hundert Jahre nachdem sein Großvater Georg Obermaier zur großen Lokaleröffnung und Einstandsfeier eingeladen hatte, übernahm der gleichnamige Enkel 2002 den Landgasthof Zum Vilserwirt. Genuss, Entspannung, Qualität und Gastlichkeit: Diese Werte wurden über die Zeit hinweg bewahrt und dienen auch heute noch als Maxime im Familienbetrieb. Küchenchef Thomas Obermaier setzt auf eine ausgewogene Mischung aus regionalen und internationalen Spezialitäten. Die „Räucherfisch-variation" und der „Vilserwirt-Grillteller" warten auf hungrige Mäuler. Mutter Marlene kümmert sich hingegen um die süßen Gelüste: Die bewährten Rezepte von Oma Maria machen Apfel-strudel, „Auszog'ne", Apfelküchlein oder Zwetschgendatschi zum besonderen Genuss. Auf die Herkunft der verwendeten Produkte hat man im Vilserwirt ein genaues Auge. Qualität ist hier transparent und so kann der Gast auf der Speisekarte nachlesen, dass das Wild aus heimischer Jagd stammt und die Karotten auf den Feldern des Bauern Huber-Eck gewachsen sind.

Mit verschiedenen Räumlichkeiten und einer modernen Tagungstechnik bietet der Vilserwirt den perfekten Rahmen für Besprechungen, Betriebs- und Familienfeiern bis zu 350 Personen.

LAGE

Niederbayern
Altfraunhofen

BEWERTUNG

◆ ◆

BESONDERHEITEN

KONTAKT

**Landgasthof Hotel Obermaier
Zum Vilserwirt**
www.vilserwirt.de
Gastgeber: Familie Obermaier
Hauptstraße 19
84169 Altfraunhofen
Telefon: 08705 1251

Brauereigaststätte
ZOLLHAUS

◆ Als die Brauerei Wittmann das Zollhaus in Landshut 2015 zur Pacht freigab, wusste einer sofort, welchen Schatz er mit dieser Traditionsgaststätte in den Händen hielt: Patrick Schmidt, waschechter Landshuter, kümmert sich seitdem in den modernisierten Räumen mit unverstaubten bayerischen Gerichten um das Wohl seiner Gäste. „Regionalität, Bodenständigkeit und bayrische G'miatlichkeit" – diese Attribute treffen nicht nur auf den stilvollen Gastraum zu, sondern auch auf die ambitionierte Küche: Von verschieden belegten Flammkuchen über Burger und Dry-Aged-Steaks zu den bayerischen Klassikern findet jeder sein Lieblingsgericht. Die an die Jahreszeiten angepasste Karte spielt mit saisonalen Genüssen und lockt mit Ravioli, gefüllt mit Spargel und Kartoffeln, an geschmolzenen Tomaten oder mit dem Zander auf Graupen-Risotto. Als Nachspeise sollten unbedingt die selbst gemachten Waldheidelbeernockerl probiert werden. Als Küchenchef setzt Patrick Schmidt auf ehrlichen Geschmack aus heimischen Produkten: Waller und andere Süßwasserfische liefert die Fischerei Gumberger und Fleisch kommt von der Metzgerei Axthaler.

Wirt und Küchenchef Patrick Schmidt inspiriert in regelmäßigen Videos, dem sogenannten Zollhaus-TV, zum Nachkochen ausgewählter bayerischer Gerichte.

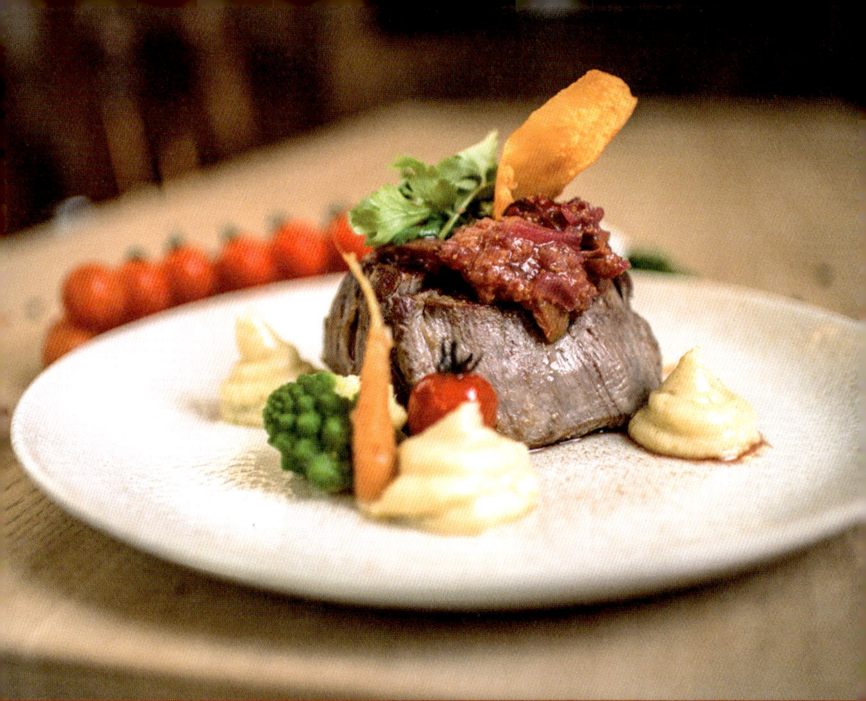

Niederbayern
Landshut

KONTAKT

Brauereigaststätte Zollhaus
www.zollhaus-landshut.de
Gastgeber: Patrick Schmidt
Äußere Münchener Straße 83
84036 Landshut
Telefon: 0871 27552263

Landgasthof Hotel

LUGINGER

◆ Es war das Jahr 1875, als im „Mirskofen Haus 22" die Schank-
lizenz Einzug hielt. Seitdem hat der Landgasthof Luginger Generation um Generation Gäste aus nah und fern verköstigt. Seit 2017
führen nun Georg Luginger jun. und seine Tochter Barbara das
Familienunternehmen mit viel Engagement und Traditionsver-
bundenheit. Die Zutaten für die bodenständige Küche stammen
unter anderem vom eigenen Landwirtschaftsbetrieb. Was nicht
selbst produziert werden kann, wird von heimischen Erzeugern
zugekauft. Die Speisekarte ist auf gutbürgerliche Klassiker
ausgelegt: Tafelspitz und Zwiebelrostbraten, Zanderfilet und
Schweinelendchen kommen auf den Tisch. Für Abwechslung sorgen Tages-, Wochen- und Sonntagskarten, genau wie die umfang-
reiche Brotzeitkarte, die je nach Gusto warme und kalte Gerichte
anbietet. Und wer nach Speis und Trank noch zu einem Ständ-
chen aufgelegt ist, der ist beim Luginger an der richtigen Adresse.
Als „Musikantenfreundliches Wirtshaus" wird hier das Musizieren ganz ohne Programm und aus der Laune des Abends heraus gefördert.

Spargelwochen von Mitte April bis Johanni: frischer Altheimer Spargel
von den Feldern der Verwandtschaft.

LAGE

Niederbayern
Essenbach

BEWERTUNG

◆ ◆ ◆

BESONDERHEITEN

KONTAKT

Landgasthof Hotel Luginger
www.luginger.de
Gastgeber: Barbara und
Georg Luginger
Obere Sendlbachstraße 11
84051 Mirskofen
Telefon: 08703 93300

Hotel – SPA – Gasthof
DER EISVOGEL

◆ Am Fluss Abens in Bad Gögging, mit Blick auf den Hausweiher, kümmern sich drei Generationen der Familie Zettl und Feldmann im Gasthof Eisvogel persönlich um das Wohl der Gäste. Die Speisekarte der mehrfach ausgezeichneten Küche wechselt im vierteljährlichen Rhythmus und bietet neben festen Klassikern saisonale Köstlichkeiten. Im Spätsommer locken etwa das Pfifferling-Tiramisu oder das Wildgulasch „von dem, was der Jäger grad troffa hat" mit Preiselbeerrahmsoße und hausgemachten Eierspätzle. Das ganze Jahr hinweg gehören Spezialitäten wie das Hausschnitzel mit würziger Senf-, Meerrettich- und Brezenbröselpanade oder Fischgerichte wie die gegrillte Lachsforelle mit Erbsenpüree und Kartoffelbällchen zu den beliebten Dauerbrennern – ein Geheimtipp ist die Brezensuppe mit Weißwein. Wer zum Kaffee im Eisvogel einkehrt, sollte unbedingt die köstlichen Kuchen probieren, die täglich frisch gebacken werden. Regionalität wird im Eisvogel groß geschrieben, die meisten Zutaten stammen aus der Umgebung, Erdbeeren, Kartoffeln und Abensberger Spargel kommen sogar vom eigenen Hof.

18 Räumlichkeiten, vom Winter- und Biergarten über dem Erker bis hin zu gemütlichen Stuben in jeglicher Größe: Jede Festgesellschaft findet hier den passenden Raum.

LAGE

Niederbayern
Bad Gögging

BEWERTUNG

BESONDERHEITEN

KONTAKT

Hotel – SPA – Gasthof
Der Eisvogel
www.hotel-eisvogel.de
Gastgeber: Familie Zettl-Feldmann
An der Abens 20
93333 Bad Gögging
Telefon: 09445 9690

Weisses Bräuhaus

KELHEIM

◆ In früheren Zeiten war das Weißbiertrinken ein Privileg der höheren Stände und das Weißbierbrauen nur der Adelsfamilie Degenberger aus Bogen gestattet. Erst nachdem das Recht Weißbier zu brauen durch Erbschaft an Herzog Max I. fiel, entstanden im ganzen Land Weißbierbrauereien. Die erste dieser Art wurde 1607 in Kelheim gegründet und ist seit 1928 im Besitz der Münchner Brauerfamilie Schneider. Mit stilvollem Ambiente im historischen Gebäude lockt das Weisse Bräuhaus Touristen ebenso wie Einheimische. In der Küche werden frische Erzeugnisse aus der Region verarbeitet, auf der Tageskarte finden sich Klassiker wie saure Lunge oder „Schneiders Bierfleisch" mit Schmorzwiebeln und Bratkartoffeln. Fischpflanzerl und angebratene Serviettenknödel verzücken hingegen Vegetarier- und Pescetarierherzen. Saisonsbedingte Schmankerl wie Spargelgerichte oder Wild- und Schwammerlspezialitäten runden den kulinarischen Auftritt ab. Die Schneider Weisse wird natürlich heute noch gebraut und im Weissen Bräuhaus Kelheim in zwölf verschiedenen Sorten ausgeschenkt.

Wenn Eltern nach dem Essen der historischen Kegelbahn einheizen möchten, kümmert sich die professionelle Kinderbetreuung des Gasthofes um den Nachwuchs.

LAGE

Niederbayern
Kelheim

BEWERTUNG

BESONDERHEITEN

KONTAKT

Weisses Bräuhaus Kelheim
www.weisses-brauhaus-kelheim.de
Gastgeber: Thomas Wieser
Emil-Ott-Straße 3
93309 Kelheim
Telefon: 09441 3480

Hotel

ASAM

◆ Hinter der Fassade eines imposanten, denkmalgeschützten Gründerzeit-Gebäudes besticht das Hotel ASAM in Straubing nicht nur mit moderner Architektur, sondern auch mit saisonal, regionaler Küche. Und das Zusammenspiel aus Vergangenheit und Gegenwart, aus regionaler Beständigkeit und italienischer Eleganz spiegelt sich auch auf der Speisekarte: Als Vorspeise werden etwa dünne Scheiben vom gebratenen Kalbsrücken mariniert in Apfel-Meerrettich mit Tomaten-Radieschen-Ragout aufgetischt. Bei den Hauptspeisen wird hingegen das geschmorte Bäckchen vom Iberico-Schwein mit Primitivo-Jus, Brotknöpfle und buntem Grillgemüse bestmöglich in Szene gesetzt. Selbst der lauwarme Schokoladenkuchen erhält mit dem hausgemachten Raffaello-Eis einen italienischen Anstrich. Nicht umsonst hat das ASAM die kulinarischen Säulen saisonal, regional und bayerisch-mediterran zur Maxime seines Kochkonzepts erhoben. Gekocht wird mit Produkten aus der Region; Eier und Marmeladen liefert der Hof Egeler in Oberschneiding, während der Fisch von Stefans Fischschmankerl bezogen wird.

Wer ein komplettes Menü in vier verschiedenen Gastro-Adressen genießen möchte, der sollte sich einen Platz beim monatlichen „S'Gangerl in Straubing" sichern.

LAGE

Niederbayern
Straubing

BEWERTUNG

BESONDERHEITEN

KONTAKT

Hotel ASAM
www.hotelasam.de
Gastgeber: Florian Medek
Wittelsbacherhöhe 1
94315 Straubing
Telefon: 09421 788680

Landgasthof
MURRER

◆ Im Zentrum des Straubinger Gäubodens, in Aiterhofen, liegt der Landgasthof Murrer, der seit 1902 von der namengebenden Familie geführt wird. Im urigen Landgasthof hat sich das Ehepaar Ludwig und Anita Murrer der Slow-Food-Bewegung verpflichtet, denn „nur langsam kann man genießen". Das Sich-Zeit-Nehmen für das Besondere, für die Esskultur und die Vielfalt der Lebensmittel wird mit dem Einsatz für Nachhaltigkeit und Naturschutz verbunden. Beim Murrer kommen alle Produkte von heimischen Erzeugern. Sogar die Gewürze mischt der Küchenchef selbst zusammen. Aus diesen hochwertigen Zutaten entstehen in Ludwig Murrers Töpfen und Pfannen schließlich raffinierte, überwiegend der altbayerischen Tradition zugehörige Gerichte wie die hausgemachten Rupfhauben und Essigzwetschgen oder der Krustenbraten vom Hällischen Schwein mit Wurzelgemüse und Bratkartoffeln. Und für die Brotzeit-Fans gibt es Teller- und Glaserlsulz'n. Die saisonal wechselnde Karte stellt zudem Spargel-, Schwammerl-, Fisch- und Wildgerichte in den Mittelpunkt.

Für Biker, Radler, Golfer oder einfach nur Liebhaber der niederbayerischen Stadt Straubing stellt der Landgasthof immer wieder mal attraktive Pauschalangebote zusammen.

LAGE

Niederbayern
Aiterhofen / Straubing

BEWERTUNG

BESONDERHEITEN

KONTAKT

Landgasthof Murrer
www.murrerhof.de
Gastgeber: Ludwig Murrer jun.
Passauer Straße 1
94330 Aiterhofen/Straubing
Telefon: 09421 99430

Landgasthof
BEIM KRAHWIRT

◆ Jahrhundertelang zogen Bauern, Handwerker und Kaufleute auf der alten Handelsstraße zwischen Deggendorf und Zwiesel landauf, landab. Mit der Errichtung des Gasthauses Beim Krahwirt war endlich für eine Einkehrmöglichkeit gesorgt. Dies schien auch zahlreiche Krähen zu erfreuen, die den Gasthaus damals in Scharen belagerten und ihm damit seinen Namen gaben. Seit mehr als 170 Jahren verwöhnt das Gasthaus seitdem schon seine Gäste. Und anstelle der damals wahrscheinlich eher spärlichen Auswahl an Gerichten hat sich heute eine üppige Speisekarte etabliert. Mit zünftigen Brotzeiten, Salaten und deftigen Grill- und Pfannengerichten will Gastgeber Tobias Müller jede Geschmacksknospe seiner Gäste zufriedenstellen. Die Wochenkarte stellt jeden Tag ein anderes Gericht auf das kulinarische Podest: Dienstags lockt das Grillbuffet und freitags verschieden marinierte Rippchen, während es am Samstag und Sonntag auf Schnitzeljagd geht. Und weil „zu wissen, wo's herkommt, am besten schmeckt", werden nahezu alle Zutaten aus der Region bezogen.

Der Krahwirt hat einen der schönsten Biergärten Niederbayerns, der mit einem herrlichen Blick über Deggendorf und Donau punktet.

LAGE

Niederbayern
Deggendorf

BEWERTUNG

◆

BESONDERHEITEN

KONTAKT

Landgasthof Beim Krahwirt
www.krahwirt.de
Gastgeber: Tobias Müller
Haslacher Straße 151
94469 Deggendorf
Telefon: 0991 3209898

Berggasthof
ZOTTLING

◆ Geradezu paradiesisch einsam liegt der Berggasthof Zottling auf einer der schönsten Hochlagen im Bayerischen Wald. Der Blick über das beschauliche Aitnachtal sorgt nicht nur dafür, dass die ausgezeichneten Speisen noch besser schmecken, sondern lädt bei romantischen Sonnenuntergängen zum Verweilen auf der Sonnenterrasse ein. Seit der Übernahme des Gasthofs 2008 hält Wirtin Monika Schweizer an Qualität und Tradition fest. Gekocht wird bayerisch, wobei es immer „besonders" sein darf. Viel Wert legt der Berggasthof auf die Verarbeitung heimischer Produkte, wobei das meiste aus der Zottlinger Landwirtschaft und den dazugehörigen Waldgebieten stammt. Wild kommt aus dem eigenen Jagdrevier, Salat, Gemüse und Obst liefert der Hausgarten und Kräuter werden im „Raritätenbeet" gezogen. Schon seit vierzig Jahren finden alljährlich im Sommer die traditionellen Hendl-Grillabende statt, die von den Gästen stets sehnsüchtig erwartet werden. Koch Heinrich Kraus hat das Grillen auf dem Münchner Oktoberfest gelernt und sein Wissen um das perfekte Hähnchen mit nach Hause gebracht.

Verschiedene kulinarische Events im Jahresverlauf: vom Bierdegustationsmenü zum Wildwochenende im Herbst.

AUSGEZEICHNETE
BIERKULTUR

LAGE

Niederbayern
Patersdorf

BEWERTUNG

BESONDERHEITEN

KONTAKT

Berggasthof Zottling
www.berggasthof-zottling.de
Gastgeber: Monika Schweizer
Zottling 1
94265 Patersdorf
Telefon: 09929 95900

SEITE / GASTHÄUSER

OBERBAYERN

Berghotel

REHLEGG

♦ Am Fuße des Watzmanns, dem zentralen Gebirgsstock der Berchtesgadener Alpen, liegt das Berg- und Wanderhotel Rehlegg. Der ehemalige Bauernhof hat sich unter der Familie Lichtmannegger zu einem gehobenen Hotel mit hervorragendem Restaurant gemausert. Nachhaltig und naturverbunden wird hier gewirtschaftet, und das mittlerweile schon in dritter Generation. Rinderfiletspitzen auf Gemüse-Kartoffel-Risotto oder Hirschrückensteak auf Papayaragout – das Team rund um Küchenchef Marko Lauterbach weiß, wie man traditionelle Gerichte modern interpretiert und dabei zu etwas Besonderem macht. Die Verwendung regionaler Zutaten ist dabei Ehrensache. Für Coppa und Lardo, zwei italienische Schinkenspezialitäten, hat das Rehlegg bei einem heimischen Bauern sogar die Züchtung der vom Aussterben gefährdeten Rasse schwarzes Alpenschwein in Auftrag gegeben. Stilvoller Genuss durchzieht auch die einladenden Gasträume des Rehleggs, vom Hauptrestaurant mit eindrucksvoller Galerie zu den gemütlich eingerichteten Stuben des À-la-carte-Restaurant „Almstüberl". Und wer etwas ganz Romantisches sucht, für den ist das „Esszimmer für Zwei" die richtige Wahl.

Aus den frischen Bergkräutern, die rund ums Berghotel wachsen, wurde eigens die Kosmetikserie „Rehlegger Kräuterfee" kreiert, die im Alwiesn-SPA zum Einsatz kommt und im Hotelshop erworben werden kann.

LAGE

Oberbayern
Ramsau

BEWERTUNG

◆ ◆ ◆

BESONDERHEITEN

KONTAKT

Berghotel Rehlegg
www.rehlegg.de
Gastgeber: Familie Lichtmannegger
Holzengasse 16
83468 Ramsau
Telefon: 08657 98840

Gasthaus
SEEKLAUSE

◆ Zwischen Zauberwald und Klausbachtal, eingebettet in den Nationalpark Berchtesgaden, ist das Gasthaus Seeklause idealer Ausgangspunkt für Touren ins Hochkaltermassiv. Weniger ambitionierten Ausflüglern bietet die großzügige Sonnenterrasse des Gasthauses einen atemberaubenden Ausblick auf den idyllischen Hintersee. Die Tradition der Region wird in der Seeklause vor allem über die Kochkunst zelebriert und das mehr als eindrucksvoll – etwa mit der Bauernhendlbrust mit Steinpilz-Bavaria-Blue-Füllung auf Trüffel-Dattel-Risotto. Die Tages- und Saisonkarte bietet zudem bodenständige Gaumenfreuden wie das Schweinebauchsteak aus dem „Beefer" oder „Omas Rinderroulade" – gefüllt mit weißem Speck, Zwiebeln und süßem Senf – an Kartoffelstampf und Blaukraut. Anstatt mit künstlichen Geschmacksverstärkern unterstützt man den feinen Geschmack der Gerichte mit frischen Kräutern und Gewürzen. In der Küche werden nur heimisch und transparent erzeugte Produkte aus dem Alpenraum verwendet: Fische aus dem Chiemsee, Wild aus dem nahen Nationalpark und Fleisch von der Landmetzgerei Ganselmaier in Schonstett.

Wer einmal selbst sein Glück beim Forellenfischen versuchen will, kann sich vor Ort eine Fischereikarte besorgen.

LAGE

Oberbayern
Ramsau

KONTAKT

Gasthaus Seeklause
www.hintersee-gasthaus-
seeklause.de
Gastgeber: Josef Ehegartner
Am See 65
83486 Ramsau
Telefon: 08657 919938

BEWERTUNG

BESONDERHEITEN

Brauereigasthof Hotel
BÜRGERBRÄU

◆ Wo die Berge von erhabener Schönheit sind und die Natur noch vor urwüchsiger Kraft strotzt, steht inmitten der Kurstadt Bad Reichenhall der traditionsreiche Brauereigasthof Bürgerbräu. Neben 19 Bieren, die nach dem Reichenhaller Reinheitsgebot gebraut werden, wird hier auch zünftige bayerische Küche aufgetischt. Schweinebraten, Kaspressknödel, Leberkäse und Reichenhaller Bierfleisch: Die Portionen sind üppig und lecker. Im Tageswechsel locken zudem Menüs, die in Kombination mit Vorspeise oder Dessert für Bauarbeiter ebenso die richtige Wahl sind wie für den Geschäftsmann im feinen Anzug. Doch auch sonst vereint die Küche des Bürgerbräus gekonnt verschiedene Geschmäcker: Wild und andere saisonale Zutaten werden immer mal wieder bei der Speisekartenausarbeitung berücksichtigt. Im Veranstaltungskalender trumpfen die angeschlossene Brauerei zusammen mit dem Gasthaus groß auf. Wöchentliche Brauereiführungen oder die Schafkopf-Meisterschaft von Bad Reichenhall: Jung und Alt werden im Bürgerbräu bestens unterhalten.

Jeden Mittwoch – nach Voranmeldung – gibt es für 8 Euro die Möglichkeit, die Brauerei zu besichtigen; „Pro-Bier-Gutschein" inklusive.

AUSGEZEICHNETE
BIERKULTUR

LAGE

Oberbayern
Bad Reichenhall

BEWERTUNG

◆ ◆

BESONDERHEITEN

KONTAKT

Brauereigasthof Hotel Bürgerbräu
www.brauereigasthof-
buergerbraeu.de
Gastgeber: Doris und Christoph
Graschberger
Waaggasse 1–2
83435 Bad Reichenhall
Telefon: 08651 6089

Hotel Restaurant
ALPENGLÜCK

◆ Wo die Berge mit dem Himmel eins werden und die Luft so sauber ist, dass man sie am liebsten mit nach Hause nehmen möchte, liegt im schönen Berchtesgadener Land das Hotel und Restaurant Alpenglück. Das Wirtsehepaar Ute und Peter Lohmann kümmert sich mit regional-bayerischer Küche schon seit 25 Jahren um Wohlfühlmomente für ihre Gäste. Für den Küchenmeister Björn Petzold beginnt Genussglück bei der Wahl der richtigen Zutaten: Naturbelassenheit und Regionalität sind hier das A und O. Qualitative Lebensmittel werden dann für den kleinen Hunger in Weißwurst in der Brez'n-Panade an lauwarmen Kartoffel-Speck-Salat oder für den großen Appetit in gebratene Geflügelleber an Dunkelbier-Zwiebel-Soße mit Kartoffelschnee und hausgemachtem Apfel-Chutney verwandelt. Bei den Brotzeiten sollte der mit Curry verfeinerte Wurstsalat probiert werden und die Dessertkarte lockt mit klassisch zubereitetem Kaiserschmarrn oder selbst gemachten Kuchen.

Rund ums Hotel gibt es zahlreiche namhafte Ausflugsorte: von der malerischen Deutschen Alpenstraße über den idyllischen Hinter- und Königssee bis zum Kurort Bad Reichenhall.

AUSGEZEICHNETE
BIERKULTUR

LAGE

Oberbayern
Schneizlreuth

BEWERTUNG

BESONDERHEITEN

KONTAKT

Hotel Restaurant Alpenglück
www.hotel-alpenglueck.de
Gastgeber: Ute und Peter
Lohmann
Berchtesgadener Straße 17
83458 Schneizlreuth
Telefon: 08665 98860

Hotel Restaurant
EICHENHOF

◆ Direkt am Waginger See gelegen und mit einem fünf Minuten entfernten Seegrundstück ist das Hotel Eichenhof der perfekte Ort für Erholungssuchende. Doch Gastgeber Klaus Lebek nimmt Feinschmecker in seinem bio-zertifizierten Eichenhof auch nur für einen Abend mit auf Genussreise. Das Küchenteam rund um Johannes Lucht zaubert schmackhafte Gaumenfreuden mit Zutaten aus Küche und Keller. Die Brotzeitfans bekommen eingelegte, süßsaure Filets von der Bratforelle. Vegetarisch wird es mit den abgeschmolzenen Rote-Beete-Ravioli mit Meerrettichschaum und wild mit dem gebratenen Rehrückenfilet an Wacholderrahm, mit gerösteten Pilzen, Preiselbeerbirne und gebackenen Kartoffel-bällchen. Das Beste, was der Chiemgau und seine heimischen Produzenten zu bieten haben, rückt zudem der kulinarische Kalender ins Scheinwerferlicht. Viele Zutaten stammen aus der Region, Mehl und Bio-Leinöl liefert etwa der Biohof Chiemgaukorn in Trostberg. Spielerisch kulinarisch geht es beim „Bayerischen Tapas-Express" zu, bei dem eine kleine Elektro-Lok bayerische Häppchen zu den Gästen transportiert. Ganzjährig ist das Hotel und Gasthaus zudem Bühne zahlreicher Events.

Selbstgemachter Honig und Marmeladen können im Eichenhof auch für daheim erworben werden.

LAGE

Oberbayern
Waging

KONTAKT

Hotel Restaurant Eichenhof
www.hotel-eichenhof.de
Gastgeber: Klaus Lebek
Angerpoint 1
83329 Waging
Telefon: 08681 4030

BEWERTUNG

BESONDERHEITEN

Gasthof
SCHWARZ

◆ In Mehring, einem kleinen Ort bei Altötting, begeistert im Gasthof Schwarz die gleichnamige Wirtsfamilie mit klassisch bayerischer Küche. Küchenchef Korbinian Kammermeier legt besonderen Wert auf die Regionalität der Produkte. Unter dem Motto „so nah wie möglich, so fern wie nötig" werden Fleisch und Co. bei Bauernhöfen aus der Umgebung eingekauft, Wild sogar im direkt angrenzenden Jagdrevier vom Wirt selbst geschossen. Der eigene Garten steuert zudem Äpfel, Zwetschgen und Kürbisse bei. Vorneweg wird der Appetit mit dem Jungstiercarpaccio mit Kräuterpesto, frisch gehobeltem Parmesan und Steinofenbrot geweckt. Im Hauptgang wird der Vegetarier mit dem „Hohenwarter Kaspressknödel" vom Bergkäse, mit Rahmchampignons und Röstzwiebeln zufriedengestellt, während auf die Fleischesser das rosa gebratene Rehrückenfilet mit Reh-Pfeffer-Soße, Waldpilze, Blaukraut und Brezenknödel wartet. Saisonal wird die Speisekarte mit allem geschmückt, was das bayerische Land an kulinarischen Schätzen zu bieten hat. Das Spanferkel wird in der eigenen Metzgerei sogar zum weißen oder schwarzen Presssack verwandelt.

Ob Jubiläum, Familienfeier, Hochzeit oder Tagung: Das Event-Team vom Gasthof Schwarz geht individuell auf Sonderwünsche ein.

LAGE

Oberbayern
Mehring

BEWERTUNG

◆ ◆ ◆

BESONDERHEITEN

KONTAKT

Gasthof Schwarz
www.gasthof-schwarz.de
Gastgeber: Konrad Schwarz
Hohenwart 10
84561 Mehring
Telefon: 08677 98400

Gasthof Raspl
ZUR ALTEN SCHMIEDE

◆ Wo man gut genießt, da is(s)t man gerne. So wie im familien-geführten Gasthof Raspl in Unterneukirchen. Die Küche von Familie Raspl findet ihre Inspiration in der unmittelbaren Umgebung: im natürlichen Landleben oder der fruchtbaren Landwirtschaft. Natürlich stammen deshalb auch die Lebensmittel von Bauern und Anbietern aus der Region. Heißgeliebte bayerische Gerichte und Inspirationen aus anderen Ländern zählt die Karte auf – und die Geschichte des Gebäudes sorgt für die passenden Bezeichnungen. Unter dem Titel „Ambos-Steak" kommt das 250-Gramm-Steak vom hiesigen Jungtier mit pikanter Pfeffer-rahmsoße und Kartoffelrösti den ganzen Tag über auf den Tisch, während saftige Variationen des Prime-Beefs ab 17 Uhr ihren gro-ßen Auftritt haben. Wer schon in der Mittagspause vorbeischauen will, für den bietet sich die eigens dafür entwickelte Karte an: Dann gibt's beispielsweise den „Brad'l Sepp" mit Kartoffelknödel. Wer am Wochende ausreichend Durst und Kondition mitbringt, sollte sich an die Bierwallfahrt wagen: eine 16 Kilometer lange Wanderung nach Altötting mit Einkehr in drei regionalen Braue-reien

Regelmäßig hat das Wirtshaus-Kabarett seinen großen Auftritt: In Kombination mit einem viergängigen Menü ein Event, das man sich nicht entgehen lassen sollte.

LAGE

Oberbayern
Unterneukirchen

BEWERTUNG

◆ ◆ ◆

BESONDERHEITEN

KONTAKT

Gasthof Raspl
Zur Alten Schmiede
www.raspl.de
Gastgeber: Ernst Raspl
Tüßlinger Straße 2
84579 Unterneukirchen
Telefon: 08634 1535

Klostergaststätte

SEEON

♦ Nachkriegslazarett, Polstermöbelfabrik, Kaserne der Bayerischen Bereitschaftspolizei: Das über tausend Jahre alte Kloster Seeon wurde immer wieder anderen, neuen Zwecken zugeführt. Doch wer den Weg zur Halbinsel im Klostersee auf sich nimmt, der wird in der Klostergaststätte mit Gastfreundschaft in Benediktinischer Tradition begrüßt. Dazu gibt es wunderbare bayerische Gerichte. Die Karte bietet vorab die Maronensuppe mit Vanilleschaum, danach Deftiges wie die Renkenmatjes, die der Chiemseefischer Lex aus dem See holt, und das marinierte Ochsenfleisch mit Bratkartoffeln und Kürbiskerndressing. Für die Süßen stehen das Kürbiskernparfait mit marinierten Orangen oder der „Schlosserbuam", Dörrpflaume mit Marzipankern im Backteig und Zimteis, zur Auswahl. Alle Zutaten stammen aus der unmittelbaren Region, Fische liefert der umliegende Klostersee. Wer es sich auf der Seeterrasse bequem macht, der genießt Brotzeit und Bier mit Rundumblick auf Wasser und Natur – selbstverständlich ohne dabei nass zu werden. Den Verdauungsspaziergang um den Klostersee gibt's gratis dazu.

Die prächtige Kulisse des Kloster Seeon wird immer wieder für kulturelle Veranstaltungen genutzt: Das ganze Jahr über finden hier Musikveranstaltungen und Ausstellungen statt.

LAGE

Oberbayern
Seeon

BEWERTUNG

◆ ◆

BESONDERHEITEN

KONTAKT

Klostergaststätte Seeon
www.kloster-seeon.de
Gastgeber: Gerald Schölzel
Klosterweg 1
83370 Seeon
Telefon: 08624 8970

Seecafé

TONI

◆ Im Sommer die Kuhherde, die einen durchs Fenster beim Essen beobachtet, im Winter der Ausblick auf die schnee-bedeckten Ufer des nahe gelegenen Chiemsees: Das Seecafé Toni tischt kreativ zubereitete Gerichte der bayerischen Küche und beeindruckendes Panorama auf. Wenn man Glück hat, kann man sogar beobachten, wie der Fischer die Chiemseerenke aus dem See holt, die anschließend mit Koriander, Zimt und Chili-Pfeffer gewürzt, mit Aprikose und Rosmarinedelschinken veredelt und mit Kartoffel-Kräuter-Buchteln und Proseccorahmsoße serviert auf den Tisch kommt. An der Fleischfront darf das „Bergkas-schnitzel" nicht fehlen, ein Klassiker zum Verlieben. Zum Nach-tisch sollten die hausgemachten Kuchen verköstigt werden, immerhin hat sich Familie Stöffl seit Jahren mit Torten wie „Spa-nische Vanille", „Apfelwein", „Himbeer-Quark" oder „Zwetschgen-Wolke" einen Namen gemacht. Besonders empfehlenswert ist die „Chiemgauer Sonne", eine Eierlikörtorte vom Feinsten, die natür-lich auch – stückweise oder gleich im Ganzen – zum Schlemmen mit nach Hause genommen werden kann.

Ein Erlebnis für Radsportbegeisterte: mit dem eigenen Drahtesel den Chiemsee in vier bis sechs Stunden umrunden, dabei dort schwimmen und einkehren, wo's gefällt.

LAGE

Oberbayern
Rimsting

BEWERTUNG

◆ ◆ ◆

BESONDERHEITEN

KONTAKT

Seecafé Toni
www.seecafe-toni.de
Gastgeber: Sabine Stöffl
Hochstätt 7
83253 Rimsting
Telefon: 08054 577

Hotel Restaurant Café
ZUM FISCHER AM SEE

◆ Weltenbummler Manfred Beer wusste schon früh, wo seine Leidenschaft liegt: Koch wollte der gebürtige Regensburger werden. Bevor er jedoch in Prien am Chiemsee mit seinem Fischer am See sesshaft wurde, sammelte er auf seinen Weltumrundungen die besten Fischrezepte von Südamerika bis in die Karibik – und zaubert daraus nur allzu gerne exquisite Fischgerichte für seine Gäste. Renken, Schleien, Rutten, Zander oder Schratzen kommen fangfrisch aus dem Chiemsee. Auch sonst gilt: „Für den Gast nur das Beste und keine Kompromisse bei der Qualität". „Omas Blutwurst", Nudeln oder Fischsulz: Alles, was Beers Küche verlässt, ist hausgemacht und schmeckt – vor allem auf der großen Sonnenterrasse mit herrlichem Blick auf die Chiemgauer Alpen. Geschlemmt wird im Rhythmus der Jahreszeiten. Der April läutet die Spargelsaison ein, im Juli wird mit Pfifferlingen und Sommertrüffeln gekocht, die ersten Muscheln, traditionell auf „Matrosen-Art" zubereitet, bringt schließlich der Herbst auf den Tisch.

Hausgästen steht im hauseigenen Bootshafen des Hotels sogar ein Liegeplatz für das eigene Segelboot zur Verfügung.

LAGE

Oberbayern
Prien am Chiemsee

BEWERTUNG

◆ ◆ ◆

BESONDERHEITEN

KONTAKT

**Hotel Restaurant Café
Zum Fischer am See**
www.fischeramsse.de
Gastgeber: Familie Leyk
Harrasser Straße 145
83209 Prien am Chiemsee
Telefon: 08051 90760

RAIT'NER WIRT

◆ Mehr als 150 Jahre hat das Gasthaus Rait'ner Wirt im oberbayerischen Schleching schon auf dem Buckel, trotzdem sind Gastfreundschaft und Küche in keinster Weise altbacken. Die Wirte und Köche Martin Heindl und Martin Rehmann zelebrieren saisonal inspirierte Gerichte, verlieren dabei aber nie die deftige Note der bayerischen Küche aus den Augen. Ob das Frikassee vom Wildkaninchen mit feinen Bandnudeln oder die Fasanenbrust mit Rahmwirsing und Kartoffelgrießknödel: Alle Speisen werden im Rait'ner Wirt traditionell, frisch und mit viel Liebe zubereitet. Und in den wöchentlichen Menüs oder der täglich wechselnden Zusatzkarte bekommt die bayerische Küche immer wieder mal einen internationalen Anstrich. Es verwundert deshalb auch nicht, dass der Gault & Millau das Gasthaus erst vor Kurzem mit 14 Punkten belohnt hat. Fleischprodukte liefert die Metzgerei Angermann in Aschau, Fisch steuert das Chiemgau bei: Das Motto bei der Lebensmittelbeschaffung lautet im Rait'ner Wirt unverkennbar: „Aus der Region für die Region".

Regelmäßig lädt der Rait'ner Wirt zum „Musikanten Hoagascht": Schönste bairische Mundart wird dann mit den passenden Klängen bestens in Szene gesetzt.

LAGE

Oberbayern
Schleching/Raiten

KONTAKT

Rait'ner Wirt
www.raitenerwirt.de
Gastgeber: Martin Heindl und
Martin Rehmann
Achentalstraße 8
83259 Schleching/Raiten
Telefon: 08641 5911170

BEWERTUNG

◆◆

BESONDERHEITEN

SonnenAlm

KAMPENWAND

◆ „I gangat gern auf d'Kampenwand, wenn i mit meiner Wamp'n kannt." Ja, den Gipfel der Kampenwand zu erklimmen, kann durchaus anstrengend sein. Gut, dass es eine Seilbahn gibt, mit der man von der Talstation in Aschau ganz einfach hochfahren kann. Nur einen Katzensprung von der Bergstation entfernt, liegt vor atemberaubender Alpenkulisse die SonnenAlm. Frische Schmankerl und wechselnde Tagesgerichte werden hier ganzjährig während der Betriebszeiten der Kampenwandbahn serviert. Hüttenklassiker wie das bayerische „Brotzeitbrettl", Kaiserschmarrn oder Germknödel dürfen dabei natürlich nicht fehlen. Die Brotzeiten kann man sich sogar selbst zusammenstellen. Fast schon legendär ist der regelmäßig stattfindende „Berg-Brunch", der mit Mottos wie „Südseeträume" oder „Wildschütz" Urlaubsfeeling auf 1.500 Metern Höhe aufkommen lässt. Das Team der SonnenAlm kümmert sich mit Herzblut um die Zubereitung der Speisen, gewürzt wird mit den selbst angebauten Kräutern aus dem Küchengarten und Fleisch, Milch, Käse und Eier stammen von sorgfältig ausgewählten Lieferanten aus der Region.

Vom Ostereisuchen im Schneeparcours zur Sonnenwendfeier mit Bergfeuer, Alphornbläsern, Musik und Tanz: Ganzjährig halten diverse Veranstaltungen die SonnenAlm und ihre Gäste auf Trapp.

LAGE

Oberbayern
Aschau im Chiemgau

BEWERTUNG

◆ ◆ ◆

BESONDERHEITEN

KONTAKT

SonnenAlm Kampenwand
www.kampenwand.de
Gastgeber: Eric Zbil
An der Bergbahn 8
83229 Aschau im Chiemgau
Telefon: 0151 23002836

ZUM ENTENWIRT

◆ Ente gut – alles gut. Dieses Motto lebt und zelebriert der Entenwirt am Samerberg seit knapp dreißig Jahren. Hier dreht sich alles um das schmackhafte Federvieh, das jeden Mittag und Abend frisch vom Grill oder aus dem patentierten Entenofen auf den Tisch kommt. Enten sind nicht nur der kulinarische Dreh- und Angelpunkt der Küche, sondern schmücken als ausgestopfte Jagdtrophäe, als Bild oder Keramikfigur auch die gemütlichen Gaststuben. Die Tiere, echte bayerische Kronen-Enten, kommen ausschließlich vom Gut Niederaltenburg im Mangfalltal. Artgerechte Aufzucht in Freilandhaltung und der Verzicht auf Impfungen und Medikamente garantieren höchste Qualität. Ein Klassiker der Entenwirtküche ist die halbe Ente mit geheimer Apfel-Gewürz-Mischung, die vom Chef Peter Schrödl persönlich am Tisch tranchiert wird. Auch das Innenleben des Federviehs wird zur puren Gaumenfreude verarbeitet. Gebratene Entenleber in Zweigeltsoße schmeckt jedem Innereien-Liebhaber. Dazu passt am besten das eigens kreierte, dunkle Entenbier vom Fass.

Alljährlich im August findet in Törwang-Samerberg das Treffen der legendären Autos Citroën 2CV statt, die umgangssprachlich auch „Ente" genannt werden. Nach einer Runde um den Samerberg lädt Peter Schrödl zum großen Fest ins Gasthaus.

LAGE

Oberbayern
Samerberg/Törwang

BEWERTUNG

◆◆◆

BESONDERHEITEN

KONTAKT

Zum Entenwirt
www.entenwirt.de
Gastgeber: Peter Schrödl
Samerstraße 5
83122 Samerberg/Törwang
Telefon: 08032 8815

FLÖTZINGER BRÄUSTÜBERL

◆ Ein junger Wirt und ein Traditionsgasthaus – wie gut das funktionieren kann, zeigt eindrucksvoll das Flötzinger Bräustüberl mit Pächter Korbinian Vogl in Rosenheim. Bayerische Gerichte werden modern interpretiert und angerichtet, das Bewusstsein für heimische Gerichte und Landwirtschaft dabei stets bewahrt. Küchenchef Christopher Marx lässt sich dabei vor allem von der alpinen Genusswelt inspirieren. Das Roastbeef in der Vorspeisenvariante wird etwa mit gegrilltem Sommergemüse, Bierremoulade und Drillingskartoffeln gereicht und das Bräustüberlschnitzel von der Schweinelende, überbacken mit Bauernspeck, Zwiebeln und Bergkas, kommt an Knödelgröstl auf den Teller. Für die Vegetarier gibt's die Tiroler Schlutzkrapfen in brauner Butter oder die abgebräunten Spinat-Schmand-Knödel auf Basilikum-Kirschtomaten-Ragout. Der Urbayer kommt trotzdem nicht zu kurz: Der geliebte Krustenbraten wird mit Dunkelbiersoße, zweierlei Knödel und Krautsalat aufgetischt. Zum Abschluss stillen die handgemachten, mit Orangen-Mascarpone gefüllten Vanille-Zimt-Tascherl den Heißhunger auf Süßes.

Die Almhütte bietet sich mit urigem Holzmobiliar und authentischer Atmosphäre als passende Räumlichkeit für Weihnachts- und Geburtstagsfeiern oder für eine Winterhochzeit an.

AUSGEZEICHNETE
BIERKULTUR

LAGE

Oberbayern
Rosenheim

BEWERTUNG

◆ ◆

BESONDERHEITEN

KONTAKT

Flötzinger Bräustüberl
www.floetzinger-
braeustueberl.de
Gastgeber: Korbinian Vogl
Samerstraße 17
83022 Rosenheim
Telefon: 08031 2326600

Schlosswirtschaft
MAXLRAIN

◆ Beim verwunschenen Schloss Maxlrain in Tuntenhausen denkt man auf den ersten Blick wohl eher an das Dornröschen-Märchen als an „Haute Cuisine", doch die beiden Gastgeber Patrick Senger und Florian Geiger haben die bayerische Küche in ihrer Schlosswirtschaft aus dem Schlaf erweckt. International inspirierte Hochgenüsse, wie die sous-vide gegarte Perlhuhnbrust mit Erbsen-Kräuter-Risotto und Kerbelespuma oder der Zander mit selbst gemachten Kartoffelnocken, Tomatenpesto, Kräuerkruste und Parmesanschaum, beweisen, dass sich das Küchenteam nur allzu gerne am Warenkorb der italienischen Küche bedient. Die Wochenkarte rückt zudem die regionalen saisonalen Schätze ins rechte Licht. Zum Nachtisch zelebriert das „Maxlrainer Weißbiertiramisu" die Spezialität der nahe gelegenen Brauerei. Nahezu alle Rohstoffe dieser feinen Küche kommen von qualitativ arbeitenden Betrieben aus der Region. Die Einkehr in die Schlosswirtschaft lässt sich wunderbar mit einer Runde auf der historischen Holzkegelbahn im angrenzenden Garten verbinden.

Die Maxlrainer Schlosswiese wird das ganze Jahr über zur Bühne außergewöhnlicher Veranstaltungen: vom Handwerker- und Trachtenmarkt, zu den Ritterspielen bis zur Oldtimer-Show und dem Weihnachtsmarkt.

AUSGEZEICHNETE
BIERKULTUR

LAGE

Oberbayern
Tuntenhausen

KONTAKT

Schlosswirtschaft Maxlrain
www.schlosswirtschaft-maxlrain.de
Gastgeber: Patrick Senger und
Florian Geiger
Freiung 1
83104 Tuntenhausen
Telefon: 08061 8342

BEWERTUNG

BESONDERHEITEN

Bräustüberl

MAXLRAIN

◆ Nachdem klar war, dass der Maxlrainer Schlossbrauerei eine Wirtschaft fehlte, wo die vielen Besucher das süffige Bier direkt vor Ort verkosten können, begann 1994 die Erfolgsgeschichte des Maxlrainer Bräustüberls. Im größten Biergarten des Landkreis Rosenheim genießt man die angebotenen oder mitgebrachten Brotzeiten mit herrlichem Blick auf den Wendelstein. Innen tafelt man bodenständig-deftig unter beeindruckendem böhmischem Gewölbe. Geräuchertes Wammerl vom Rost oder Tellerfleisch vom bayerischen Weiderind lassen das Herz eines jeden Fleischliebhabers höher schlagen. Vegetarier freuen sich über hausgemachten „Reiberdatschi im Pfandl" mit süßem Apfelkompott. Für die Zutaten gilt: Vom Fleisch bis zum Wein kommt alles aus Bayern. Und auch die Musik ist echt regional. Jeden Mittwochabend wird bayerisch aufgespielt – vom Löffelklatscher bis zur Blaskapelle. Das kühle Bier für Gäste und Musikanten liefert selbstverständlich die Maxlrainer Schlossbrauerei, die 2012 und 2016 sogar zu „Deutschlands Brauerei des Jahres" gekürt wurde.

Zu den saisonalen Spezialitäten aus dem Sudkessel gehört z.B. der Jubilator, ein Stammbier mit hoher Stammwürze, der nur von Aschermittwoch bis April ausgeschenkt wird.

LAGE

Oberbayern
Maxlrain/Tuntenhausen

BEWERTUNG

◆

BESONDERHEITEN

KONTAKT

Bräustüberl Maxlrain
www.maxlrainer-
braeustueberl.de
Gastgeber: Patrick Senger und
Florian Geiger
Stachöderweg 2
83104 Maxlrain/Tuntenhausen
Telefon: 08061 92422

Hotel-Landgasthof
ALTER WIRT

◆ Ein sechshundert Jahre altes Gasthaus und ein junges, kreatives Gastgeberpaar: Im Hotel und Landgasthof Alter Wirt in Fischbachau entsteht aus dieser Kombination harmonische Alpenküche, die sich nach den Jahreszeiten ausrichtet. Während Cornelia Rubin die Gäste bedient, steht Martin Matthias Rubin am Herd. Der gebürtige Klagenfurter hat sich in seiner Heimat bereits eine Haube des Restaurant-Guides Gault & Millau erkocht. Das merkt man auch an der Speisekarte. Dass der typische Bayer im Alten Wirt immer nur sonntags in Genuss des Schweinebratens kommt, verzeiht man schon bei den Vorspeisen: Gebratener Bio-Kürbis mit Burrata, einem italienischen Frischkäse, Basilikum und kandierten Kürbiskernen gibt's nebst dem Dreierlei von der Ente mit Williamsbirne, Heidelbeere und sautiertem Babyspinat. Die österreichische Herkunft des Kochs schlägt sich mit dem Backhendl in der Hauptspeise und den Palatschinken bei den Desserts nieder. Viele Zutaten wie Wild, Rindfleisch und Kaffee kommen aus Kärnten, der Rest wird bei heimischen Erzeugern eingekauft.

Für Hobbyangler und solche, die es werden wollen: Fliegenfischen entlang der Leitzach.

LAGE

Oberbayern
Fischbachau

BEWERTUNG

BESONDERHEITEN

KONTAKT

Hotel-Landgasthof Alter Wirt
www.rubins-alterwirt.de
Gastgeber: Familie Rubin
Leitzachtalstraße 209
83730 Fischbachau
Telefon: 08028 9053610

Herzogliches Bräustüberl
TEGERNSEE

♦ Gegründet als kleines „Bräustibl" für durstige Bräuburschen der Tegernseer Klosterbrauerei und des Herzoglich Bayerischen Brauhauses ist das Tegernseer Bräustüberl heute eine der bekanntesten Wirtschaften Bayerns. Dort, wo Einheimische und Touristen auf Persönlichkeiten aus Sport und Politik treffen, wird in urig gemütlicher Atmosphäre zünftig bayerisch aufgekocht. Die halbe Schweinshaxn und das Bierbratl gesellen sich auf der Speisekarte zum Pichlsteiner Eintopf nach Hausrezept und der vielfältigen Brotzeitauswahl. Die wechselnde Wochenkarte stellt zudem jeden Tag ein anderes regionaltypisches Schmankerl in den Mittelpunkt: Mit der fränkischen Bratwurst, dem Leberkäs-Cordon-bleu, dem geräucherten Saibling oder der ofenfrischen Bauernente bleiben keine Wünsche mehr offen. Prämiert gut ist im Wirtshaus auch der „Bräubazi", eine milde Variante des Obatzda, der bereits in Brüssel mit dem „Superior Taste Award" ausgezeichnet wurde. Alle Grundzutaten für kleine wie große bayerische Gerichte werden von regionalen Produzenten bezogen.

Für alle, die vom Bräustüberl nicht genug bekommen können, gibt's im „Bräuladl" vor Ort oder im Online-Shop jede Menge originelle Geschenke für Freunde und Familie, mit denen sich die Atmosphäre der Traditionswirtschaft nach Hause transportieren lässt.

AUSGEZEICHNETE
BIERKULTUR

LAGE

Oberbayern
Tegernsee

KONTAKT

**Herzogliches Bräustüberl
Tegernsee**
www.braustuberl.de
Gastgeber: Peter Hubert
Schlossplatz 1
83684 Tegernsee
Telefon: 08022 4141

BEWERTUNG

◆ ◆ ◆

BESONDERHEITEN

Klosterbräustüberl
REUTBERG

◆ Auf einer kleinen Anhöhe, umgeben von weitläufigen Wiesen, Feldern und Wäldern und mit herrlichem Alpenpanorama, liegt das Kloster Reutberg mit angrenzender Brauerei und Wirtshaus. Das Klosterbräustüberl sorgt mit Bier und bayerischer Küche für die richtige Stärkung nach einer Wanderung durch das Kirchseer Moor oder einer Sporteinheit auf der nahen Langlaufloipe. Bei den Gastgebern Bernhard Haindl und Georg Lichtenegger werden vor allem frische Zutaten aus der Region verarbeitet. Daraus entstehen fleischlastige Klassiker wie der Krustenbraten oder das Böfflamott ebenso wie die vegetarischen Heumilchtopfenpflanzerl mit Wildkräuterschmand. Bei schmackhafter Brotzeit und süffigem Klosterbier lässt es sich in einem der schönsten Biergärten im Oberland gut und gerne aushalten. Doch egal, ob man nun drinnen das Reisfleisch genießt, oder draußen das Alpenpanorama, für den ofenfrischen Apfelstrudel mit Vanillesoße und Sahne oder die Dampfnudel „Münchner Freiheit" sollte man stets noch etwas Platz lassen.

Die 13 Biere der Klosterbrauerei gibt es im 3er- oder 6er-Pack auch zum Mitnehmen nach Hause.

AUSGEZEICHNETE
BIERKULTUR

LAGE

Oberbayern
Sachsenkam

BEWERTUNG

◆◆◆

BESONDERHEITEN

KONTAKT

Klosterbräustüberl Reutberg
www.klosterbraeustueberl.de
Gastgeber: Bernhard Haindl und
Georg Lichtenegger
Am Reutberg 2
83679 Sachsenkam
Telefon: 08021 8686

Posthotel

HOFHERR

◆ Das Posthotel Hofherr weiß seine Gäste mit der eindrucksvollen Geschichte des Hauses zu überzeugen. Als einstige Posthalterei und Tafern-Wirtschaft lädt es heute in unnachahmlicher Atmosphäre Menschen aus nah und fern zum Genießen und Verweilen ein. Die Lage im malerischen Königsdorf haben die Besitzer Hans und Lydia Hofherr zum Anlass genommen, ihr Haus in jüngster Vergangenheit zu einem modernen Tagungs- und Wellnesshotel auszubauen. Bei Sommerfrischlern, Kurzurlaubern und Ausflüglern ist das Posthotel Hofherr besonders beliebt. Nicht zuletzt wegen seiner hervorragenden Küche. Vorzügliche bayerische Gerichte, längst vergessene Hausmannskost und regionale Spezialitäten werden liebevoll zubereitet und zuweilen auch modern interpretiert. Alle Lieferanten verbindet das Bewusstsein für Qualität und Frische und für Nachhaltigkeit aus Tradition. „Radius 30" haben die Wirtsleute ihr Konzept getauft, weil Lebensmittel und Handwerker des gesamten Betriebs bis auf wenige Ausnahmen aus einem Umkreis von dreißig Kilometern kommen. Die hauseigene Metzgerei und Brennerei produzieren zudem feine Tropfen und Genüsse für Nase und Gaumen.

Regelmäßig lernen Interessierte in Metzgerkursen alles Wissenswerte rund um die korrekte Zerlegung und Verarbeitung von Schwein oder Rind: Im Anschluss werden die selbsthergestellten Wurstprodukte verköstigt.

AUSGEZEICHNETE
BIERKULTUR

LAGE

Oberbayern
Königsdorf

BEWERTUNG

◆ ◆

BESONDERHEITEN

KONTAKT

Posthotel Hofherr
www.posthotel-hofherr.de
Gastgeber: Hans und
Lydia Hofherr
Hauptstraße 31
82549 Königsdorf
Telefon: 08179 5090

Landgasthaus
FISCHERWIRT

◆ Wenn man nach einem Tag am Kochelsee hungrig nach Hause fährt, dann – aber nicht nur dann – bietet sich eine Einkehr im Landgasthaus Fischerwirt an. In der einstigen Schusterei verwöhnt heute Familie Adams ihre Gäste mit allem, was die oberbayerische Region und die Voralpenseen kulinarisch zu bieten haben. Fischspezialitäten aus dem Kochel- und Walchensee, Lamm vom Schlehdorfer Oberschaffler Hof oder Wild von heimischen Jägern und aus Eigenjagd sind die Basis für die bunte Vielfalt der Speisekarte. Heraus kommen bayerische Gerichte ebenso wie Nudelgerichte, Pizzen und Salate. Zu den Geheimtipps auf der Speisekarte zählt das Hechtfilet mit sautiertem Knoblauch, Tomatenfilets und Ofenkartoffel mit Sauerrahm oder die Linguine mit Wildbolognese und Preiselbeeren. Die Flexibilität und Kreativität von Küchenmeister Alfons Adams und seinem Team zeigt sich auch bei den ganzjährig stattfindenden Spezialitätenwochen, die das Beste aus den saisonalen Schätzen herausholen. Die Kräuter- und Spargelwochen läutet der Frühling ein, während die Advents- und Weihnachtszeit mit den beliebten Fonduewochen ausklingt.

Von Oktober bis April, am letzten Samstag des Monats, um elf Uhr, werden alle Liebhaber deftiger Hausmannskost zum Kesselfleischessen geladen.

LAGE

Oberbayern
Schlehdorf

BEWERTUNG

◆ ◆

BESONDERHEITEN

KONTAKT

Landgasthaus Fischerwirt
www.fischerwirt.bayern
Gastgeber: Familie Adams
Unterauer Straße 1
82444 Schlehdorf
Telefon: 08851 484

Restaurant und Eventlocation
ZUM MURNAUER

◆ Nahezu jung präsentiert sich das neu errichtete Restaurant Zum Murnauer im gleichnamigen Ort am Staffelsee, wenn man es mit anderen geschichtsträchtigen Wirtshäusern vergleicht. Dabei müssen sich Gastgeber Benjamin Schmitz und sein Team in keinster Weise verstecken: Alpine, bayerische Küche mit internationalem Einschlag wird den Gästen im modern gestalteten Gastraum serviert. Das Vitello Forello, Tafelspitzscheiben mit Räucherforellen-Creme und mariniertem Gemüsestroh, lässt erahnen, wie kreativ die Hauptspeisen in Szene gesetzt werden: Knusprige Maishähnchenbrust auf Rosmarin-Tomaten-Risotto oder gesottener Kalbstafelspitz auf Röstzwiebel-Meerrettich-Püree, jungem Blattspinat und Nuss-Kartoffeln lassen die Geschmacksknospen erblühen. Auch die zarten Steaks sind jeden Besuch wert. Die eigene Schmankerl-Hütte hält zudem, ob kalt, mit Ochsenmaul-Salat, oder warm, mit halben Hendl und Pommes, Klassiker für den kleinen und großen Hunger bereit. Wer seinen Besuch im Murnauer mit etwas Süßem beenden möchte, der sollte sich zu den Apfelkücherl mit Zimt-Zucker und Vanillerahmeis überreden lassen.

Die selbstgemachten Kuchen schmecken wunderbar zum Nachmittagskaffee und sollten im Biergarten unter alten Kastanien oder in der gemütlichen Loungeecke genossen werden.

LAGE

Oberbayern
Murnau

BEWERTUNG

BESONDERHEITEN

KONTAKT

**Restaurant und Eventlocation
Zum Murnauer**
www.zum-murnauer.de
Gastgeber: Benjamin Schmitz
Weilheimer Straße 21
82418 Murnau
Telefon: 08841 4854101

Landhotel
ZUM METZGERWIRT

◆ Am Fuße der Ammergauer Alpen bietet das ländliche, romantische Dorfbild von Bad Bayersoien die optimale Kulisse für das Landhotel zum Metzgerwirt. In Brigitte Neuners und Markus Boies Restaurant werden Gäste mit authentischer Alpenküche verwöhnt. Regionale und saisonale Zutaten werden am Herd in deftige Brotzeitteller, klassische bayerische und vorzügliche Fisch- und Wildspezialitäten verwandelt. Unverfälschter oberbayerischer Genuss kommt mit der in der eigenen Brühe servierten Ochsenbrust und Pökelzunge auf den Tisch – die Empfehlung des Küchenchefs übrigens. Als Beilagen werden cremiger Blattspinat, Kartoffeln, Apfel-Meerrettich und Schnittlauchsoße gereicht. Für klassische Genießer hingegen gibt es das Ayinger Braumeistergulasch oder die halbe Ente vom Lugeder Hof. Im süßen Nachgang tun sich vor allem die selbst gemachten Windbeutel hervor, die mit Sahne und verschiedenen Beeren eine willkommene Abwechslung zum Kaiserschmarrn sind. Das selbst produzierte Speiseeis ist, egal ob zum Kuchen, den Windbeuteln oder nur in der Waffel, immer eine gute Wahl.

Donnerstag gibt es rösche Schweinshaxe mit Sauerkraut und Knödel und sonntags ofenfrisches, fränkisches Schäuferla.

LAGE

Oberbayern
Bad Bayersoien

BEWERTUNG

BESONDERHEITEN

KONTAKT

Landhotel Zum Metzgerwirt
www.zum-metzgerwirt.de
Gastgeber: Brigitte Neuner
und Markus Boie
Dorfstraße 39
82435 Bad Bayersoien
Telefon: 08845 4449661

FISCHERWIRT LANDSBERG

◆ Wo einst der Stadtprobst von Landsberg am Lech gewohnt hat, genießen heute im Fischerwirt Gäste schwäbisch-bayerische Küche. Gaststuben und Altane mit Blick auf das Bäckertor und den Mühlbach bieten für sechzig Personen Platz. In der Küche kümmern sich die Zwillinge Sebastian und Stefanie Weiß um das kulinarische Gelingen. Ihre Philosophie: zeitgemäß, aber boden-ständig – und dabei die Spezialitäten der Region in Szene setzen. Das bedeutet, Fleisch und Fisch kommen von Produzenten aus Landsberg oder der nahen Region, Gemüse von der Landsberger Markthalle. Die Speisekarte wird dabei den saisonalen Einflüssen angepasst. Im Frühling gibt es eine Spargelkarte, im Herbst Pilz- und Kürbisgerichte und zur Wiesnzeit einen Ochsenbraten. Ganz-jährig begeistern jedoch Fischerwirts „O'brachster", Räucherfisch-paste von der Bodenseebrachse mit Räucherlachs, frischem Meerrettich und Ciabatta sowie das „Dreierlei", Schweine-krustenbraten, Kässpätzle mit Schmelzzwiebeln, Krautkrapfen, Biersoße und Salat. Dazu wird das Bier der Klosterbrauerei Scheyern oder der Traditionsbrauerei Tucher ausgeschenkt.

Spezielle Mittagsschmankerl von Montag bis Freitag: inklusive Tagessuppe für 7,90 Euro

LAGE

Oberbayern
Landsberg am Lech

BEWERTUNG

◆ ◆

BESONDERHEITEN

KONTAKT

Fischerwirt Landsberg
www.fischerwirt-landsberg.de
Gastgeber: Familie Weiß
Roßmarkt 197
86899 Landsberg am Lech
Telefon: 08191 50728

BEIM METZGERWIRT

◆ Der Metzgerwirt in Hurlach ist fest in Frauenhand: Wirtin Stefanie Rüdel sorgt in dem ehemaligen Stadl für das Wohl ihrer Gäste. Unter eindrucksvollem Dachgebälk, mit hölzener Galerie und urigem Gastraum fanden einst ferne Postboten auf ihrer Durchreise eine Bleibe für die Nacht. Heute ist das Gasthaus vor allem für seine vorzüglichen und üppigen Gerichte bekannt. Traditionelles, typisch Deftiges aus der bayerischen Küche kommt hier auf den Teller. Kultstatus genießt das „Metzgerwirtschnitzel" – sowohl was Qualität als auch Quantität angeht. Sobald es das Wetter erlaubt, werden Schweinshaxe, Krustenbraten und Wurstsalat auch unter den schönen, jahrhundertealten Kastanienbäumen im angeschlossenen Biergarten serviert. Dass der Metzgerwirt mit Geschichte und Tradition spielt, bezeugt sogar ein Weltrekord: 6 Männer haben 2013 mit 32 Karten 9 Tage lang über 200 Stunden mit Dauerschafkopfen zugebracht. Auch wenn der Rekord nicht mehr aktuell ist: Karten spielen und schlemmen lässt sich beim Metzgerwirt nach wie vor wunderbar kombinieren. Damit es den kleinen Gästen nicht langweilig wird, gibt es auf beiden Etagen zudem eine gemütliche Spielecke.

Jeden Donnerstag wird zum traditionellen Weißwurstfrühstück geladen; freitags gibt's saftige Spareribs.

LAGE

Oberbayern
Hurlach

KONTAKT

Beim Metzgerwirt
www.beim-metzgerwirt.de
Gastgeber: Stefanie Rüdel
Poststraße 10
86857 Hurlach
Telefon: 08248 7676

BEWERTUNG

BESONDERHEITEN

Gasthof Hotel Metzgerei

EBERL

◆ Der Gasthof Eberl mit eigener Metzgerei und Drei-Sterne-Hotel ist eine echte bayerische Weiberwirtschaft. Die Schwestern Viktoria Eberl-Stefan und Christine Hattensperger kümmern sich gemeinsam um die Geschicke des fast vierhundert Jahre alten Gasthauses, kommen sich dabei aber nicht in die Quere: Viktorias Reich ist die Küche, während Christine in der Metzgerei dafür sorgt, dass die alten Hausrezepte der Familie gepflegt und weitergeführt werden. Unverfälschte bayerische Spezialitäten werden im Gasthof Eberl mit viel Liebe und großer Sorgfalt zubereitet. Wirtshausschmankerl wie der ofenfrische Schweinsbraten, die gefüllte Kalbsbrust – die es nur an Sonn- und Feiertagen gibt – oder das Tellerfleisch vom bayerischen Rind kommen selbstverständlich aus der eigenen Metzgerei. Die abwechslungsreiche Speisekarte liefert zudem vegetarische Gerichte und Fisch. Bei Bier und Brotzeit trifft sich das Dorf auf einen Ratsch, während Hungrige nach einer Runde durch das nahe gelegene Haspelmoor zur Kirchweih traditionell mit „Auszog'ne" und „Gäns'" und in der Adventszeit mit hausgemachten Plätzchen verwöhnt werden.

Donnerstags kommen Liebhaber des „süßen Bayerns" beim Dampf- und Rohrnudeltag auf ihre Kosten.

LAGE

Oberbayern
Hattenhofen

BEWERTUNG

◆ ◆ ◆

BESONDERHEITEN

KONTAKT

Gasthof Hotel Metzgerei Eberl
www.eberl-hattenhofen.de
Gastgeber: Viktoria
Eberl-Stefan und Christine
Hattensperger
Hauptstraße 8
82285 Hattenhofen
Telefon: 08145 995700

Bräustüberl

MAISACH

◆ Die Brauerei Maisach mit angeschlossenem Bräustüberl ist nicht nur wegen seinem dunklen Bier, dem Räuber-Kneißl-Dunkel, über die Grenzen des Landkreises Fürstenfeldbruck hinaus bekannt. Auch die deftig bayerische Küche hat sich einen Namen gemacht. Den Brotzeitliebhabern tischt Wirt Harry Faul, der selbst am Herd steht, selbst gezurrten und geräucherten Rehschinken oder selbst gemachte Bratensülze auf. Vom Klassiker wie Schweinebraten führt die Karte über das Bratengröstl zum Tellerfleisch: bayerische Gerichte in perfekter Ausführung. In den kalten Monaten lockt hingegen das Herbst-Winter-Spezial, das mit Wildgulasch und Bierkutscher-Gulasch den Körper von innen warm hält und mit Semmelknödel und Preiselbirne selbst die großen Esser satt macht. Die Tageskarte und der kulinarische Kalender locken zudem das ganze Jahr über mit saisonalen Schmankerln: Im Frühling wird der Spargel zum Hauptdarsteller, während in Herbst und Winter Kesselfleisch und das Beste aus bayerischen Wäldern ihren großen Auftritt haben.

Regelmäßig treten bei der Veranstaltungsreihe „Beer and Guitar" Gitarrenvirtuosen auf, die die passende musikalische Begleitung für den Genuss bayerischer Spezialitäten liefern.

LAGE

Oberbayern
Maisach

BEWERTUNG

BESONDERHEITEN

KONTAKT

Bräustüberl Maisach
www.wirtshaus-maisach.de
Gastgeber: Harald Faul
Hauptstraße 24
82216 Maisach
Telefon: 08141 94210

Gasthof Hartl
ZUM UNTERWIRT

◆ Der Gasthof Hartl „Zum Unterwirt" in Türkenfeld kennt seine Geheimwaffe: Die kulinarische Raffinesse von Josef Hartl jun. überzeugt Genussliebhaber sowie zahlreiche Stammgäste gleichermaßen. Dabei ist die Küchenphilosophie des vielfach prämierten Küchenchefs eigentlich ganz simpel: „traditionell und a bisserl innovativ". Und sein ganz auf die Region Bayern ausgelegtes Konzept geht auf: Aus saisonalen, frischen, regional angebauten Produkten entstehen ebenso gutbürgerliche wie leichte und moderne Speisen, die jeden Feinschmecker begeistern dürften. Die Gasträume des Unterwirts bringen die Gegensätze wieder zusammen. In der traditionellen Wirtsstube trifft sich der Stammtisch, geschlemmt wird in der freundlichen Andreas-Stube und der windgeschützte Garten im Innenhof lädt zur zünftigen Brotzeit ein. Genuss und Kultur, das gehört doch irgendwie zusammen – wenigstens beim Hartl. Ein abwechslungsreiches Musik-, Kabarett- und Theaterprogramm unterhält das bunt gemischte Publikum selbst dann noch, wenn der Teller schon längst geleert ist.

Bei den „Spritz-Getränken" steht nicht nur die altbekannte Variante mit Aperol auf der Karte, sondern auch Kreationen mit Johannisbeere oder Sanddornlikör.

AUSGEZEICHNETE
BIERKULTUR

LAGE

Oberbayern
Türkenfeld

BEWERTUNG

◆◆◆

BESONDERHEITEN

KONTAKT

Gasthof Hartl Zum Unterwirt
www.gasthof-hartl.de
Gastgeber: Josef Hartl jun.
Duringstraße 5
82299 Türkenfeld
Telefon: 08193 999517

SEEHOF HERRSCHING

◆ Nur etwa dreißig Kilometer vor den Toren Münchens kommt man dem Süden an der längsten Seepromenade Deutschlands ein Stückchen näher. Direkt hinter der Anlegestelle Herrsching am Ammersee, von der man die alten Raddampfer bei ihrer Runde über den See verfolgen kann, zaubern die Köche des Seehofs mit delikaten Fischgerichten ein Gefühl von Meer und Urlaub auf den Teller. Eine echte Vitaminküche mit authentischen und vitalisierenden Gerichten ergänzt zudem die bayerischen Klassiker rund um Schnitzel, Ente und Schweinsbraten. Regionale Herkunft und Frische der Zutaten werden dabei durch zertifizierte Lieferanten garantiert. Die Gastgeber Gerda und Peter Reichert setzen auf bayerische Gastfreundschaft auf höchstem Niveau. Bei ihnen ist das Musizieren nicht nur erlaubt, sondern ausdrücklich erwünscht. 2011 als „musikantenfreundliches Wirtshaus" ausgezeichnet, ist der Seehof heute ein Zuhause für echte bayerische Wirtshaus- und Volksmusik. Neben regelmäßigen Konzerten erfreut der Wirt selbst sein Publikum mit zünftigen Tönen auf der Trompete oder dem Flügelhorn.

Die schönsten Zimmer des zum Restaurant gehörigen Hotels bieten – ausgestattet mit eigenem Balkon – einen wunderbaren Blick über den Ammersee.

LAGE

Oberbayern
Herrsching

BEWERTUNG

◆ ◆ ◆

BESONDERHEITEN

KONTAKT

Seehof Herrsching
www.seehof-ammersee.de
Gastgeber: Gerda und Peter
Reichert
Seestraße 58
82211 Herrsching
Telefon: 08152 9350

Gasthof
ZUR POST

◆ Der historische Gasthof zur Post in Herrsching könnte wegen seiner einstigen Funktion als Ritterlehen viele Geschichten von den alten Rivalen Bayern und Österreich erzählen. Umso charmanter, dass die Wirtsleute Elisabeth und Otmar Walch, die aus München und Graz stammen, beide Regionen kulinarisch vereinen. Vom Brezensüppchen über das original Wiener Kalbsschnitzel bis zu den süßen Versuchungen – hier bleibt keiner hungrig. Eine spezielle Schmankerl-Karte bietet zudem Köstlichkeiten für jeden Wochentag. Der Mittwoch lockt mit steirischem Backhendl, während samstags und sonntags knuspriges Spanferkel aufgetischt wird. Im Sommer ist die erfrischende, von der Wirtin hausgemachte Holunderschorle zu empfehlen, die man am besten unter den alten Kastanien im Biergarten genießt. Im „Ritterstüberl" mit gemauertem Gewölbe, rustikalem Mobiliar und gusseisernen Kerzenständern fühlt man sich in die Zeit von Artus' Tafelrunde zurückversetzt. Ausdrücklich willkommen sind zudem alle Besucher mit vierbeiniger Begleitung. Eine eigene Speisekarte sorgt dafür, dass sich hier auch Hunde rundum wohlfühlen.

Mit dem „Post-Picknick-Wagerl" im Schlepptau lassen sich die schönsten Picknickplätze in und um Herrsching auf kulinarische Art entdecken.

LAGE

Oberbayern
Herrsching am Ammersee

BEWERTUNG

◆ ◆ ◆

BESONDERHEITEN

KONTAKT

Gasthof Hotel zur Post
www.post-herrsching.de
Gastgeber: Otmar Walch
Andechsstraße 1
82211 Herrsching am Ammersee
Telefon: 08152 396270

Gasthaus

ZUM BRUCKENFISCHER

◆ Im idyllischen Isartal, nahe dem Kloster Schäftlarn, steht das Traditionsgasthaus Bruckenfischer. Hier kümmert sich Josef Wagner nicht nur als Wirt, sondern auch als passionierter Jäger um das Wohl seiner Gäste. Im Wirtshaus sorgen helle, rustikale Holzmöbel für ein einladendes Ambiente. Kachelofen und liebevolle Dekoration geben den Räumen ihre bayerische Gemütlichkeit. Gekocht wird gutbürgerlich und ehrlich – ohne großen Schnickschnack. Bayerische Spezialitäten gesellen sich im Bruckenfischer zu grenzüberschreitenden Gaumenfreuden. Der Jahreslauf mit seinem wechselnden Angebot an regionalen Produkten spiegelt sich in den saisonalen Speisekarten. Fisch-, Spargel-, Matjes-, Salat- und Wildwochen garantieren größtmögliche Frische und besten Geschmack. Im Herbst kommt zudem selbst geschossenes Wild auf den Teller. Dann gibt es etwa zartes Rehgulasch oder das Rehschäuferl mit Semmelknödel und Preiselbeerapfel. Ein hausgemachtes Verdauungsschnapserl aus grünen Walnüssen und Kräutern schließt einen gelungenen Abend perfekt ab.

Der Mittwoch steht ganz im Zeichen des Schnitzels, während freitags Isartal-Forellen ihren großen Auftritt haben.

LAGE

Oberbayern
Egling

BEWERTUNG

◆ ◆ ◆

BESONDERHEITEN

KONTAKT

Gasthaus zum Bruckenfischer
www.bruckenfischer.de
Gastgeber: Josef Wagner
Dürnstein 1
82544 Egling
Telefon: 08178 3635

Gasthof
ZUM WILDPARK

◆ Anton Roiderer ist den meisten sicherlich als langjähriger Wirt des Hacker-Festzeltes auf dem Oktoberfest und als ehemaliger Sprecher der Wiesnwirte bekannt. Sein Gasthof zum Wildpark in Straßlach ist jedoch nicht minder bekannt. 1904 vom Großvater erworben, wird dieser nach wie vor als Familienbetrieb geführt. Die Karte gibt sich bodenständig und hat sich den deftigen bayerischen Klassikern verschrieben, wobei die Standardkarte mit Wurstsalat, heißgeräuchertem Bauernschinken an Meerrettich, Gurke und Butter oder Pfälzer Hausmacher-Leberwurst auf Schwarzbrot jeden leidenschaftlichen Brotzeitmacher zufriedenstellen dürfte. Aus der wechselnden, üppigen Tageskarte lassen sich zudem wunderbare Menüs zusammenstellen. Die eigene Metzgerei bürgt nicht nur für Frische und hervorragende Qualität der im Gasthaus angebotenen Speisen, sondern macht zusätzlich noch eine ganz spezielle Karte möglich: Spezialitäten aus frischer Schlachtung wie Kalbsherz vom Rost, saures Lüngerl oder Kalbshirn lassen die altbayerische Küche wieder aufleben.

Eine Fußbodenheizung im großen Biergarten sorgt dafür, dass es sich auch bei kühleren Temperaturen gemütlich unter weiß–blauem Himmel aushalten lässt.

LAGE

Oberbayern
Straßlach

BEWERTUNG

◆ ◆ ◆

BESONDERHEITEN

KONTAKT

Gasthof Zum Wildpark
www.gasthof-zum-wildpark.de
Gastgeber: Familie Roiderer
Tölzerstraße 2
82064 Straßlach
Telefon: 08170 99620

Waldgasthof
BUCHENHAIN

◆ Man kann es nicht anders sagen: Mit der Erbauung des Waldgasthofs Buchenhain im Süden von München nahm auch die Geschichte des gleichnamigen Ortsteils von Baierbrunn seinen Lauf. Stefan Kastner und Rina den Drijver tischen ihren Gästen heute in urigen, gemütlichen Gaststuben oder dem isarnahen Biergarten schmackhafte bayerische Gerichte auf, die dennoch modern kombiniert werden: Da findet das geschmorte Backerl vom Baierbrunner Weideochsen – der nur im Waldgasthof verarbeitet wird – im Süßkartoffelpüree und die gebratene Maispoulardenbrust in Waldpilz-Cannelloni und Kartoffelchips den richtigen Begleiter. Dass der Schweinebraten trotzdem nicht ohne Kartoffelknödel und Dunkelbiersoße auskommt, das versteht sich in Bayern von selbst. Abwechselnde Mittagsmenüs und der kulinarische Kalender spielen zudem mit saisonalen Geschmacksakteuren aus der bayerischen Region. Auch veranstaltungstechnisch ist im Waldgasthof einiges los: Bei den „Urigen Geschichten" führen Themen wie „König Ludwig II." oder „Kaiserin Sissi" in die bayerische Vergangenheit, während musikalische Highlights dazu einladen, unter alten Kastanienbäumen in die Nacht zu tanzen.

Wer einen Tag lang das nahegelegene Voralpenland auf ganz besondere Art „erfahren" möchte, sollte sich beim Waldgasthof einen Oldtimer ausleihen: Fahrspaß wie aus vergangener Zeit!

LAGE

Oberbayern
Baierbrunn

BEWERTUNG

BESONDERHEITEN

KONTAKT

Waldgasthof Buchenhain
www.hotelbuchenhain.de
Gastgeber: Stefan Kastner
Am Klettergarten 7
82065 Baierbrunn
Telefon: 089 7448840

Bio-Restaurant und BIO-Hotel
ALTER WIRT

◆ Mitten in der Gemeinde Grünwald liegt der Alte Wirt, das erste BIO-Hotel und Bio-Restaurant im Umfeld der bayerischen Hauptstadt. Zahlreiche Auszeichnungen beweisen, dass ökologisches Denken und Wirtschaften bei der Wirtsfamilie Portenländer im Mittelpunkt steht. Fleisch, Fisch, Obst, Gemüse, Mehl, Öl, sogar Gewürze – alle Waren werden ausschließlich von zertifizierten Bio-Betrieben bezogen, die größtenteils regional produzieren. Die Lieferanten kennen die Portenlängers meist persönlich. Eingekauft wird nach dem saisonalen Angebot im Jahreskreislauf. Diese Qualität und Sorgfalt schmeckt man: Vom echt bayerischen Schweinsbraten in Dunkelbiersoße bis zur feinen gepökelten Zunge in Kapernblütenbutter begeistert die Küche Traditionalisten wie Experimentierfreudige. Das harmonische Zusammenspiel von Tradition und Moderne findet sich mit warmen Holz und hochwertiger Einrichtung auch in den Gasträumen und in den nach baubiologischen Kriterien umgebauten Zimmern des familiengeführten Hotels, die mit Böden aus geölter Kastanie, Möbeln aus heimischen Hölzern und metallfreien Naturbetten für Erholung auf höchstem Niveau sorgen.

Jeden zweiten oder dritten Sonntag im Monat zieht mit den „Hans Reidels New Orleans Joymakers" beim vielbeachteten „Jazz-Frühshoppen" schmissige Musik in den Alten Wirt.

LAGE

Oberbayern
Grünwald

KONTAKT

**Bio-Restaurant und BIO-Hotel
Alter Wirt**
www.alterwirt.de
Gastgeber: Ulrich Portenländer
Marktplatz 1
82031 Grünwald
Telefon: 089 6419340

BEWERTUNG

BESONDERHEITEN

GRÜNWALDER EINKEHR

◆ Wiesnwirtin Arabella Schörghuber und ihre Tochter Ramona Pongratz wissen ihre Gäste in der Grünwalder Einkehr mit moderner, bayerischer Küche zu begeistern. Wie gut sich die regionale Kochkunst mit kulinarischer Kreativität verträgt, sieht man am Hirschrücken mit Nusskruste, Speck-Rosenkohl, abgebräuntem Serviettenknödel und Wildjus mit Gin oder dem Schlierseer Saiblingsfilet mit Proseccoschaum, Marktgemüse und Kräuterkartoffeln. Daneben gibt es Klassiker, wie den Krustenbraten vom schwäbisch-hällischen Landschwein, sowie vegetarische und vegane Gerichte, die in Form von Nudeltascherl, gefüllt mit Minze und Mascarpone, oder dem Curry mit Tofu, frischen Früchten und Wildreis daherkommen. Fast ganz von allein macht das Sorbet aus Holunderblüte, Basilikum und Gin Lust auf einen süßen Magenschließer. Fein und gehoben, aber dennoch gemütlich präsentiert sich auch die Gaststätte. Die außergewöhnliche Bar im lichtdurchfluteten Wintergarten begeistert die Gäste mit einer effektvollen Lichtinszenierung, während der angrenzende Wirtsgarten mit romantischem Innenhofcharakter lockt.

Jeden Donnerstagabend wird in der Lounge zu „Einkehr-Tapas", „Pongi's Burger" sowie Musik und Cocktails geladen.

LAGE

BEWERTUNG

◆◆◆

BESONDERHEITEN

Oberbayern
Grünwald

KONTAKT

Grünwalder Einkehr
www.gruenwalder-einkehr.de
Gastgeber: Arabella
Schörghuber und Ramona Pongratz
Nördliche Münchner Straße 2
82031 Grünwald
Telefon: 089 125925490

Brauereigasthof Aying

RESTAURANT AUGUST UND MARIA

◆ Wenn das einstige Wirtsehepaar Maria und August Zehentmair in dem heute nach ihnen benannten Restaurant vorbeischauen würden, hätten sie sicher ihre Freude daran. Das Restaurant „August und Maria" im Brauereigasthof Aying – der bereits in siebter Generation geführt wird – ist nicht nur urgemütlich eingerichtet, sondern überzeugt gleichzeitig auch mit Gaumenfreuden der ganz besonderen Art. Küchenchef Mario Huggler verkocht nämlich zahlreiche Ayinger Bierspezialitäten – und hebt gleichzeitig die bayerischen Klassiker in Kombination mit internationaler Feinkost auf eine neue kulinarische Stufe. Sautierte Rinderfiletspitzen mit gegrilltem Frühlingslauch, Sauerrahm, Gulaschsaft und Breznspätzle lassen das Herz der Gourmets schneller schlagen, während mit der sanft gegarten Kalbschulter, die von Kohlrabi und Kartoffelpüree begleitet wird, Kindheitserinnerungen geweckt werden. Alle Zutaten werden von heimisch produzierenden Betrieben bezogen, Bio-Rindfleisch kommt vom Gut Spielberg und Kaninchen liefert der Kaninchenhof Hermann in Feldkirchen. Und im Sommer wird Obst und Gemüse aus dem eigenen Garten verwendet.

Der 176 Meter tiefe Brunnen der Brauerei Aying, die St.-Andreas-Quelle, versorgt das Restaurant mit dem hauseigenen Mineralwasser.

AUSGEZEICHNETE
BIERKULTUR

LAGE

Oberbayern
Aying

BEWERTUNG

◆ ◆ ◆

BESONDERHEITEN

KONTAKT

Restaurant August und Maria
www.august-und-maria.de
Gastgeber: Familie Inselkammer
Zornedinger Straße 2
85653 Aying
Telefon: 08095 90650

Gasthaus
ZUM SCHEX

◆ Einst dem in Sankt Wolfgang ansässigen Chorherrenstift zuge-
hörig, beeindruckt das Gasthaus zum Schex heute seine Gäste mit
der schweren, spätgotischen Balkendecke in der Gaststube, deren
mächtige Durchzüge mit ineinander verflochtenen Bändern ver-
ziert sind. Hier tischt das Team rund um Küchenchef Anton Silbernagl altbewährte Gerichte auf. Die Zubereitung von so manchem Gericht beruht auf über Generationen hinweg gut gehüteten
Familienrezepten. Die regelmäßige Schlachtung von Milch-
kälbern bringt kulinarische Schätze wie gefüllte Kalbsbrust oder
Kalbslüngerl wieder auf den Tisch. Die Speisekarte wird täglich
an die saisonalen Einflüsse angepasst und vereint das Beste von
heimischen Feldern und Wäldern. Die schnörkellose, gleichbleibend herausragende Qualität der Speisen war seit 1985 für die
regelmäßigen Erfolge beim Wettbewerb „Bayerische Küche" verantwortlich. Auch der Gault Millau Bayern empfiehlt den Besuch
des Schex'. Für maximale Frische bei allen Wurst- und Fleisch-
waren sorgt die hauseigene Metzgerei.

Jeden Freitag gibt es kesselfrische kälberne Weißwürste – ein Geheimtipp für
alle Liebhaber der feinen bayerischen Spezialität.

LAGE

Oberbayern
Sankt Wolfgang

BEWERTUNG

◆ ◆ ◆

BESONDERHEITEN

KONTAKT

Gasthaus Zum Schex
www.schex-das-wirtshaus.de
Gastgeber: Anton Silbernagl
Hofmarkstraße 1
84427 Sankt Wolfgang
Telefon: 08085 205

Hotel Gasthof
SCHÄFFLERWIRT

◆ Regionale bayerische Küche schreibt sich Gastgeberfamilie Haller im Schäfflerwirt in Aschheim bereits seit 120 Jahren auf die Fahne. All jene Gerichte, die man sich als Tourist oder auch als Einheimischer von Bayern erwartet, finden hier den Weg zum Gast. Nahezu sämtliche Zutaten für die bodenständigen Gerichte bezieht der Schäfflerwirt aus der unmittelbaren Umgebung: Backwaren liefert die Bäckerei Heiß in Poing, bei der Backen noch echte Handarbeit ist, und die Landmetzgerei Gassner liefert Fleisch von Strohschweinen aus der Region, das anschließend mit süßem Senf mariniert wird und mit Aschheimer Bratkartoffeln, Speck und kräftiger Kellerbiersoße als „Schäffler-Schnitzel" auf den Tisch kommt: der Geheimtipp des Küchenchefs übrigens. Die anmietbare Grillhütte sorgt für gemütliche Grillabende, selbst wenn draußen schon die ersten Schneeflocken vom Himmel fallen. Ob herzhaft mit Suppe, verschiedenen Fleischsorten und vegetarischen Köstlichkeiten oder süß mit Palatschinken und Apfelkücherl – bayerische Küche wird umgeben von Rentierfellen und holzvertäfelten Wänden zum Erlebnis.

46 gemütlich eingerichtete Zimmer im Haupt- und Nebengebäude garantieren ruhige Nächte: Den Junior Suiten verleihen hochwertiges Holzinterieur und abgestimmte Details das Flair einer behaglichen Almhütte.

LAGE

Oberbayern
Aschheim

BEWERTUNG

◆

BESONDERHEITEN

KONTAKT

Hotel Gasthof Schäfflerwirt
www.schafflerwirt.de
Gastgeber: Familie Haller
Feldkirchner Straße 16
85609 Aschheim
Telefon: 089 9005010

Am Reitsberger Hof
WIRTSHAUS LANDLUST

◆ Im zertifizierten Erlebnisbauernhof Reitsberger Hof in Vaterstetten ist nicht nur immer etwas los, hier kann man auch gutbürgerlich bis gehoben einkehren. Anna Link führt das zum Bauernhof gehörige Wirtshaus Landlust mit angeschlossener Landwirtschaft zusammen mit ihrem Mann Christoph. Die Speisekarte kommt traditionell-raffiniert daher und bietet Köstlichkeiten wie das Rauchforellenmousse mit Schnittlauchbrot oder die sanft geschmorten Ochsenbackerln mit Morchel-Servietten-Knödel. Natürlich dürfen Klassiker der bayerischen Küche wie ofenfrischer Schweinsbraten oder knuspriges Schnitzel „Wiener Art" nicht fehlen. Viele Lebensmittel werden von Produzenten aus der Umgebung bezogen, wie etwa Eier von der Familie Glonner in Zorneding, während Familie Haas aus Baldham für die Kartoffeln verantwortlich ist. Frische Säfte und feine Bründe für die Verköstigung vor Ort oder als Mitbringsel für daheim liefert die eigene Obstkelterei und Schnapsbrennerei. Jeden Freitag ist der Reitsberger Hof zudem Gastgeber des Vaterstettener Bauernmarkts.

Tipp: Ein besonderes Winter-Highlight ist die anmietbare Kota, eine skandinavische Grillhütte, die Platz für zwölf Personen bietet.

LAGE

Oberbayern
Vaterstetten

BEWERTUNG

BESONDERHEITEN

KONTAKT

**Wirtshaus Landlust am
Reitsberger Hof**
www.zurlandlust.de
Gastgeber: Anna Link
Baldhamer Straße 99
85591 Vaterstetten
Telefon: 08106 3795917

DER PSCHORR

◆ Direkt am Viktualienmarkt gelegen, ist Der Pschorr eine Münchner Institution. „Heimat auf dem Teller" ist in diesem Münchner Wirtshaus zugleich Leitspruch und Motivation: Hier schmeckt man, welche Hingabe hinter den Produkten auf dem Teller steckt. Jeder essbare Teil eines geschlachteten Tieres wird mit großem Wissen um alte Kochtradition und mit ebenso viel Kreativität in puren Genuss verwandelt. Für den Gast bedeutet das ein Wiedersehen mit alten, fast vergessenen Gerichten, wie etwa mit dem gegrillten Rinderknochen. Beste Qualität ist bei den verwendeten Lebensmitteln ein Muss – und die kommt aus der Region: Ausgesuchte Züchter liefern hocharomatisches Premiumfleisch vom Murnau-Werdenfelser Rind für frisch durchgelassenes Tatar, deftiges Ochsengulasch oder die in Balsamico geschmorte Ochsenbrust. Für Gemütlichkeit in den Gasträumen sorgen rustikale Eichenholztische und Wandvertäfelungen. Im Wirtsgarten wird der Durst der Sonnenhungrigen gestillt, während es im Holzfassstüberl urig zugeht: Dort hat man freien Blick auf die Eichenholzfässer, in denen heute noch das süffige Hacker-Pschorr-Edelhell mit Stangeneis gekühlt wird.

Der festlich arrangierte Theresiensaal bietet einen tollen Ausblick auf den Viktualienmarkt und eignet sich hervorragend für Feiern jeder Art.

LAGE

Oberbayern
München

KONTAKT

Der Pschorr
www.der-pschorr.de
Gastgeber: Jürgen Lochbihler
Viktualienmarkt 15
80331 München
Telefon: 089 4423839-0

BEWERTUNG

BESONDERHEITEN

DONISL

◆ Zentraler liegen kann ein Wirtshaus in München kaum: Gegenüber dem Rathaus, direkt am Marienplatz, präsentieren die Wirte Birgit und Karlheinz Reindl den Donisl nach dem Komplettumbau im Jahr 2015 im Hier und Jetzt, ohne dabei die Tradition zu vergessen. Hinter der ehrwürdigen Fassade gleicht der Gastraum einem Kirchenschiff und das riesige Glasdach erlaubt – bei gutem Wetter – den Genuss bayerisch-österreichischer Gerichte sogar unter freiem Himmel. Die hundertjährige Geschichte findet mit der Münchner Siedeküche ihren Niederschlag auch auf der Speisekarte. Bürgermeisterstück, Brust oder Zunge köcheln stundenlang im eigenen Sud und werden mit Spinat, Apfelmeerrettich, Schnittlauchdip und Butterkartoffeln in kleinen Töpfen serviert. Daneben bietet die saisonale Karte moderne Neuinterpretationen: Dann wird das Tafelspitzsteak vom Weideochsen aus dem Chiemgau schon mal mit Pfifferlingen und Marillen-Chutney angerichtet. Alle Zutaten für die Küche des bio-zertifizierten Donisl stammen aus der Region und kommen nach kurzen Transportwegen unter der Regie von Küchenchef Bernhard Maier zum Einsatz.

Von Dienstag bis Freitag, ab 18:30 Uhr, wird der Donisl mit bayerischer Live-Musik bespielt.

LAGE

Oberbayern
München

BEWERTUNG

◆ ◆ ◆

BESONDERHEITEN

KONTAKT

Donisl
www.donisl.com
Gastgeber: Karlheinz Reindl
Weinstraße 1
80333 München
Telefon: 089 2429390

ZUM FRANZISKANER

◆ Noch bevor Kolumbus Amerika entdeckt hatte, befand sich die Gaststätte Zum Franziskaner schon im Herzen Münchens – in guter Nachbarschaft zum Franziskanerkloster, das dem Gasthof wohl auch seinen Namen gab. Familie Reinbold sorgt heute zusammen mit gut 150 Mitarbeitern für das Wohl ihrer zahlreichen Gäste. Kenner gehobener Küche und Liebhaber einer gepflegten, erdigen Brotzeit sind hier gleichermaßen aufgehoben: Die üppige Speisekarte bietet beim Blick auf Max-Joseph-Platz und Bayerische Staatsoper für jeden Geschmack das richtige Gericht. Als Renner schlechthin zählt jedoch der Leberkäse, der nach altem Geheimrezept hergestellt und an Spiegelei und lauwarmen Kartoffelsalat serviert wird. Auch die Weißwürste sind vorzüglich, vor allem in Kombination mit dem originalen Franziskaner-Senf. Neben Fleischgelüsten stillt der Franziskaner auch den Appetit auf kleine und süße Gerichte, auf Fisch, vegetarische und vitale Speisen. Die Zutaten für die diversen Gerichte kommen direkt vom Münchner Viktualienmarkt oder regionalen Landwirtschaftsbetrieben und Zulieferern.

Der Hofgarten mit gläserner Kuppel und hopfenumrankten Holzlauben vermittelt zu jeder Jahreszeit ein Gefühl von Oktoberfestzeit; die Räumlichkeit eignet sich auch wunderbar für Festivitäten jeder Art.

LAGE

Oberbayern
München

BEWERTUNG

BESONDERHEITEN

KONTAKT

Zum Franziskaner
www.zum-franziskaner.de
Gastgeber: Mathias Reinbold
Residenzstraße 9
80333 München
Telefon: 089 2318120

JAGDSCHLOSS

◆ Wo zur Wiesnzeit Florian Silbereisen oder Heino einkehren, da muss es schmecken: Das Jagdschloss im Münchner Westen fährt zünftige bayerische Gerichte auf und weiß, wie man ihnen zur Perfektion verhilft. Gastgeberfamilie Weber tischt im denkmalgeschützten Gebäude selbst gemachte Maultaschen, Schweinebraten und bodenständige Brotzeiten auf und sorgt in den Gasträumen mit rustikalem Holz, blanken Tischen und Kerzen für anheimelnde Jagdromantik. Die kreativ gestaltete Speisekarte – passenderweise „Blatt-Schuss" genannt – tut ihr Übriges. Auch abseits der regionalen Klassiker ist man sich der kulinarischen Schätze der heimischen Umgebung bewusst: Im Frühling kommt Spargel auf den Teller, zu Aschermittwoch Fisch und im Herbst Enten, Gänse und Wild. Für das Fleisch des Schweinebratens hat sich das Jagdschloss extra der Bäuerlichen Erzeugergemeinschaft Schwäbisch Hall angeschlossen, bei denen Hällische Landschweine gänzlich ohne Zusätze gefüttert werden. Regelmäßig sorgen zudem musikalische Events für ein volles Haus.

Wer werktags bis um 18 Uhr im Jagschloss vorbeischaut, für den gibt's „Papis Feierabend Maß" für sieben Euro.

LAGE

Oberbayern
München

BEWERTUNG

◆◆◆

BESONDERHEITEN

KONTAKT

Jagdschloss
www.jagd-schloss.com
Gastgeber: Michael Weber
Alte Allee 21
81245 München
Telefon: 089 820820

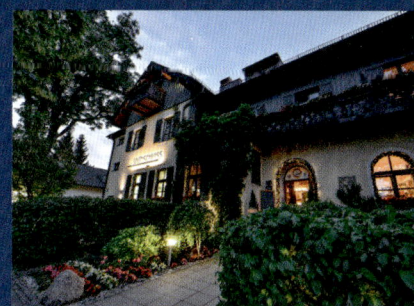

Landgasthof

DEUTSCHE EICHE

◆ Der Landgasthof Deutsche Eiche ist ein wahres Schmuckstück im Münchner Westen. Über die Jahre hinweg immer wieder modernisiert und erweitert, beeindruckt das 120 Jahre alte Wirtshaus mit Ecktürmchen und Dachterrasse Touristen ebenso wie alteingesessene Münchner. Die Gasträume verzaubern mit ihren hohen Decken, der hellen Holzvertäfelung und einem offenen Kamin und bieten das perfekte Ambiente für Familienfeiern oder Veranstaltungen. Im Wirtshofgarten spiegelt sich unter alten Kastanienbäumen die ländlich-idyllische Atmosphäre der Gasträume wider. Auch die bodenständige, gutbürgerliche Küche findet bei den Gästen Gefallen, setzt sie doch auf Produkte von regionalen Anbietern. Die im Monatsrhythmus wechselnden Sonderwochen ergänzen die Standardkarte und entführen nach Österreich, auf die Insel Sylt oder in die wild- und trüffelverliebten bayerischen Wälder. Wem es geschmeckt hat, der nimmt sich einfach ein Stück Kochkunst mit nach Hause: Würziges Griebenschmalz oder Bärlauchpesto gibt es im schmucken Eichenhaferl, die hausgemachten Marmeladen im Glas oder in edel bestickten Stoffsäckchen.

Offenes Feuer und viele Fackeln sorgen für eine stimmungsvolle Atmosphäre im Biergarten. Jeden Freitagabend wird zudem mit Harfen- und Zithermusik unterhalten.

LAGE

Oberbayern
München

BEWERTUNG

◆ ◆ ◆

BESONDERHEITEN

KONTAKT

Landgasthof Deutsche Eiche
www.deutsche-eiche-mendel.de
Gastgeber: Familie Mendel
Ranertstraße 1
81249 München
Telefon: 089 8649000

LUMP, STEIN UND KÜCHENMEISTER

◆ Ein Stück Franken hält mit Lump, Stein und Küchenmeister unweit des Münchner Marienplatzes Einzug. Das Lokal mit zwei Weinbars und einem Restaurant sorgt in der Hochburg des bayerischen Biers für willkommene Abwechslung. Die historischen Räumlichkeiten des Alten Hofs liefern mit der Kombination aus Kreuzgewölbe und hochwertigem Holzinterieur das dazu stimmige moderne Ambiente. Serviert werden nicht nur ausschließlich fränkische Weine, sondern auch die dazu passenden bayerischen Genüsse, die immer wieder mal einer Neuinterpretation unterzogen werden. Fränkische Bratwürste und „saure Zipfl" gesellen sich zur Weidenthaler Regenbogenforelle vom Grill und dem Lammrücken aus dem Lechtal. Den heimischen Produkten wird von Wirt Stephan Holzheu und seinem Küchenchef Olivier Marchand ein würdiges und schmackhaftes Podest gebaut. Im Weingarten, dem Pendant zum bayerischen Biergarten, bleibt man dem unausgesprochenem bayerischen Gesetz treu: Mitgebrachte Brotzeiten dürfen zu knackigen Seccos, kühlem Weißwein, süffigem Rotwein oder schäumendem Perlwein genossen werden.

Das ganze Jahr über gibt es weinspezifische Veranstaltungen: von der „After-Work-Wein-Party" bis zum „Wein & Käse Seminar".

LAGE

Oberbayern
München

KONTAKT

**Lump, Stein und
Küchenmeister**
www.lump-die-weinbar.de
Gastgeber: Stephan Holzheu
Alter Hof 3
80331 München
Telefon: 089 70950086

BEWERTUNG

BESONDERHEITEN

PAULANER AM NOCKHERBERG

◆ Dass München in der ganzen Welt für sein Bier berühmt ist, das dürfte wohl auch an der Paulaner Brauerei liegen. Immerhin haben die Paulanermönche im Kloster Neudeck ob der Au bereits 1634 Bier gebraut. Nicht minder bekannt ist die Paulaner Traditionsgaststätte am Nockherberg, in der seit 2018 die geborenen Münchner und gastronomischen Vollblutprofis Christian Schottenhamel und Florian Lechner das kulinarische Regiment führen. Mit diversen Brotzeiten, Salaten, Klassikern, modernen Gerichten, wie dem rosa gegrilltem Kalbsherz, oder dem heiß servierten Kaiserschmarrn mit Zwetschgenröster auf der Karte steht fest: Hier gibt's bayerische Küche in Reinkultur. Dazu passend wird die süffige Begleitung von der hauseigenen Brauerei sowie dem vielfältigen Biersortiment der Paulaner Brauerei gestellt. Alle Gerichte werden stets frisch zubereitet und mit einem Lächeln serviert. Die Zeit wird dem Gast in den gemütlichen Stuben, dem behaglichen Kaminzimmer oder im urigen Salvatorkeller niemals lang. Gleiches gilt für den schattigen Biergarten, der von den Lesern einer Münchner Tageszeitung mehrfach zum schönsten Biergarten der Stadt gewählt wurde.

Jedes Jahr, zum Salvator-Anstich beim Starkbierfest am Nockherberg, sorgt das „Politiker-Derblecken" für ein TV-Highlight.

LAGE

Oberbayern
München

KONTAKT

Paulaner am Nockherberg
www.paulaner-nockherberg.com
Gastgeber: Christian Schottenhamel
und Florian Lechner
Hochstraße 77
81541 München
Telefon: 089 4599130

BEWERTUNG

BESONDERHEITEN

SCHNEIDER BRÄUHAUS

♦ Wer in München von Biertradition spricht, der denkt wahrscheinlich an das Schneider Bräuhaus im Tal. Familie Schneider führt das Stammhaus der gleichnamigen Weißbierbrauerei bereits in sechster Generation. Und auch in der Küche wird Münchner Tradition gepflegt: Eine Spezialität des Hauses ist Kronfleisch, Zwerchfell von Rind, Kalb oder Schwein, das mit frischem Kren serviert wird. Aber auch die anderen Innereien werden genussvoll verwertet: Das „Münchner Voressen" versammelt süß-sauer angemachte Kalbs- und Schweinelunge sowie Kutteln und Kalbsbries mit Semmelknödeln auf einem Teller. Aber auch wer keine Innereien mag, verlässt das Schneider Bräuhaus nicht hungrig. Auf der Speisekarte wird jeder zwischen Schweinshaxe, Hackbraten vom „BayernOx", knackigen Salaten und veganen Gerichten fündig. Alle Gerichte werden ausnahmslos mit frischen, regionalen Produkten zubereitet. Egal ob Fleisch, Fisch, Eier, Gemüse oder Kartoffeln: Alles wird von heimischen Lieferanten bezogen, mit denen das Wirtshaus eng zusammenarbeitet.

Besonders bei Studenten beliebt:
fünf Blitz-Angebote für 6,90 Euro – von Montag bis Freitag.

AUSGEZEICHNETE
BIERKULTUR

LAGE

Oberbayern
München

BEWERTUNG

◆ ◆ ◆

BESONDERHEITEN

KONTAKT

Schneider Bräuhaus
www.schneider-brauhaus.de
Gastgeber: Otmar Mutzenbach
Tal 7
80331 München
Telefon: 089 2901380

Wirtshaus & Speisemanufaktur
MÜNCHNER STUBN

◆ Zwei Münchner Kindl haben sich im Herzen der bayerischen Landeshauptstadt mit der „Münchner Stubn" einen Lebenstraum erfüllt: Kathrin Wickenhäuser-Egger und Alexander Egger servieren bayerische Küche, die gleichzeitig einen modernen und internationalen Touch erkennen lässt. Vorab vereinen sich Spinat und Bergkäse in diversen Knödelgerichten. Bei den Fischgerichten wird mit Beilagen wie Süßkartoffel-Gnocchi und Rosmarin-Polenta bei den mediterranen Zutaten zugegriffen, während man bei den Wirtshausklassikern rund um Spanferkelhaxn und Co. auf Sauerkraut, Bratkartoffeln und Soße setzt. Die vier Jahreszeiten werden mit saisonalen Schmankerln zelebriert und bieten Einheimischen wie Touristen mit Wild, Lamm, Spargel und Bärlauch den perfekten Einblick in die Vielfalt der bayerischen Kulinarik. Regionalität wird in der Küche der Münchner Stubn zur Quintessenz: Eier stammen etwa vom Brandlhof Reichl aus Garching, Kartoffeln produziert die Burgis GmbH aus Neumarkt in der Oberpfalz und Enten und Gänse werden in Altötting aufgezogen.

Wer sich schon immer im Eisstock-Schießen versuchen wollte, kann sein Können auf der Bahn im 6. Stock des Hotels Cristal – das ebenfalls von der Familie Wickenhäuser geführt wird – unter Beweis stellen.

AUSGEZEICHNETE
BIERKULTUR

LAGE

Oberbayern
München

BEWERTUNG

BESONDERHEITEN

KONTAKT

**Wirtshaus & Speisemanufaktur
Münchner Stubn**
www.muenchner-stubn.de
Gastgeber: Alexander Egger
Bayerstraße 35–37
80335 München
Telefon: 089 551113330

Wirtshaus
AYINGER AM PLATZL

◆ Nur einen Katzensprung vom Münchner Marienplatz entfernt, empfängt das Wirtshaus Ayinger am Platzl seine Gäste mit deftig bayerischer Küche in Perfektion. Von original Münchner Weißwürsten über Schweinsbraten bis hin zu fangfrischem Fisch aus den heimischen Seen oder feinen Wild-Spezialitäten vom gepachteten Jagdrevier in Unterammergau bereitet die Küchenbrigade unter dem Regiment von Wirt Peter Inselkammer alle Gerichte mit regionalen Zutaten zu. Dass das Ayinger am Platzl Wirtshausküche auch modern interpretieren kann, davon zeugt der kulinarische Kalender: Scheiben vom gebratenen Schrobenhausener Spargel mit Streifen vom Rinderfilet, weißem Balsamico und Wildkräuter-Salat oder das Lammsteak, aus der Keule geschnitten, auf geschmortem Gemüse, gebackenem Knoblauch und hausgemachten Bärlauch-Nocken warten zur Osterzeit auf die Gäste. Das familiengebraute Ayinger Bier gibt es nicht nur selbstredend zu allen Gerichten dazu, sondern ist beim Rumpsteak vom BayernOX mit Ayinger Bier-Kräuter-Kruste sogar die kulinarische Inspiration.

Dass Fondue nicht nur zur Weihnachtszeit passt, zeigen die Fonduewochen von Januar bis März: Zu empfehlen ist die Münchner Variante mit mundgerechten Stücken vom BayernOX, dem Alpenhuhn und dem Donauwaller.

LAGE

Oberbayern
München

BEWERTUNG

◆ ◆

BESONDERHEITEN

KONTAKT

Wirtshaus Ayinger am Platzl
www.ayinger-am-platzl.de
Gastgeber: Peter Inselkammer
Am Platzl 1A
80331 München
Telefon: 089 23703666

147

Hotel Landgasthof
HOFMEIER

◆ In Hetzenhausen, einem kleinen Ort im Dreieck München, Freising, Dachau legt man Wert auf die Verbindung von Tradition und Moderne. Seit über 90 Jahren führt Familie Hofmeier das Wirtshaus mit Leidenschaft, Einsatz und im Bewusstsein ihrer reichen gastronomischen Vergangenheit. Stolz ist man in der Küche besonders auf die Wildspezialitäten, die dank hauseigenem Damwild-Gehege ganzjährig frisch auf den Tisch kommen. Eine spezielle Wildkarte präsentiert die Gaumenkitzler im besten Licht: Die gebratene Damhirschkeule auf Reherlsoße mit Walnuss-Gnocchi begeistert den Gast im Handumdrehen. Kräuter aus dem eigenen Garten und edle Destillate mit Obst von heimischen Streuobstwiesen runden jedes Gericht bestens ab. Der lichtdurchflutete Wintergarten oder die urige Weinstube laden zu vergnüglichen Abenden ein, während das „Salettl" regelmäßig zur Bühne für traditionelle Volksmusik und bayerische Kabaretts wird. Kurzum: Der Landgasthof Hofmeier bietet Genuss für Gaumen und Ohren.

Glasdach und Glasfassaden des angebauten Wintergartens erlauben auf 180 Quadratmeter einen wunderbaren Blick in die umgebende Natur.

LAGE

Oberbayern
Hetzenhausen

BEWERTUNG

BESONDERHEITEN

KONTAKT

Hotel Landgasthof Hofmeier
www.hotel-hofmeier.de
Gastgeber: Franz Xaver
Hofmeier
Hauptstraße 6a
85376 Hetzenhausen
Telefon: 08165 800690

Hotel & Brauereigasthof
MÜLLERBRÄU

◆ Könnte das Gemäuer des Brauereigasthofs Müllerbräu in Pfaffenhofen sprechen, so könnte man wohl den ganzen Abend seinen spannenden Geschichten lauschen. Immerhin existiert die Wirtschaft bereits seit über 160 Jahren. Und damals wie heute wird das kulinarische Erbe der Region in Ehren gehalten. Die kulinarische Linie des Gasthofs hat sich ganz den bayerischen Klassikern verschrieben: vom „Reindl-Essen" über den Krusten-schweinebraten zu Forelle, dem Zwiebelrostbraten mit Käse-spätzle und Apfelküchlein. Für alle Speisen werden frische Pro-dukte und Erzeugnisse der Region verwendet, raffiniert vollendet werden sie mit heimischen Kräutern. Der Mittagstisch lockt zudem nicht nur mit speziellen Angeboten, sondern auch mit dem ein oder anderen Ausflug in die Weltküche, was das „Coq au Vin" von der Hühnerbrust mit cremiger Polenta beweist. Und für den richtigen Start in ein erholsames Wochenende sorgt das wöchent-liche Weißwurstfrühstück am Samstagvormittag mit „Holledauer Stubnmusik". Abgerundet werden die authentischen bayerischen Genüsse mit einem umfangreichen Wein- und Bierangebot.

Wer das Bier des Müllerbräu bequem zuhause auf dem Sofa genießen möchte, der kann sich im Webshop mit diversen Sorten des Hopfengetränks eindecken.

LAGE

Oberbayern
Pfaffenhofen an der Ilm

BEWERTUNG

◆ ◆ ◆

BESONDERHEITEN

KONTAKT

**Hotel & Brauereigasthof
Müllerbräu**
www.muellerbraeu.com
Gastgeber: Katja Schillinger
Hauptplatz 2
85276 Pfaffenhofen
an der Ilm
Telefon: 08441 493710

Hotel Landgasthof
EURINGER

◆ Aus der urigen Dorfwirtschaft von Oberstimm wurde über einen Zeitraum von hundert Jahren ein einladendes Drei-Sterne-Hotel mit Restaurant und Biergarten. Benjamin Reichler, Ur-Enkel des ersten Euringer-Wirts, hat nach seinen Lehr- und Wanderjahren im In- und Ausland als Küchenmeister den Weg zurück an den heimischen Herd gefunden. Deftige bayerische Schmankerl schmecken in Wirtsstube, Festsaal und „Ignazstüberl" ebenso gut wie die feinen Menüs, die der junge Chef aus hochwertigen Produkten der Region zusammenstellt und zubereitet. Für die Erfüllung fleischloser Gelüste sind die hausgemachten gebackenen Kartoffelkrapfen mit würziger Obazdafüllung eine gute Wahl, während „ois wos schwimmt" als Euringers „Boarische Bujabääs", einer französischen Fischsuppe mit ausgewählten Fisch- und Meeresfrüchten daherkommt. Ergänzt wird die Standardkarte durch den sogenannten „Kulinarischen Kalender", der die saisonalen Besonderheiten der regionalen Küche mit der bayerischen Festtagstradition verbindet. Bei den Lieferanten setzt man ganz auf Transparenz: Von der Fischzucht bis zum Gemüsebauer werden alle in der Speisekarte aufgeführt.

Im Juli und August lautet das Motto „Stars and Stripes" mit originalen Diner-Spezialitäten aus den USA.

LAGE

Oberbayern
Manching/Oberstimm

BEWERTUNG

BESONDERHEITEN

KONTAKT

Hotel Landgasthof Euringer
www.hotel-euringer.de
Gastgeber: Benjamin Reichler
Manchinger Straße 29
85077 Manching/Oberstimm
Telefon: 08459 33 250

153

Gasthaus
STARK

◆ Mitten im Städtedreieck Eichstätt, Neuburg und Ingolstadt, im schönen Schuttertal gelegen, führt Küchenmeister Josef Stark das gleichnamige Gasthaus in vierter Generation. Die Starks haben sich der Slow-Food-Bewegung, also dem sorgfältigen und genussvollen Umgang mit Lebensmitteln verschrieben und achten bei der Herkunft ihrer Produkte auf Regionalität und artgerechte Tierhaltung. Die Enten werden sogar auf dem eigenen Hof mit bestem Futter und viel Auslauf gehalten. Eine gläserne Küche erlaubt dem Gast, dem Küchenteam bei der Zubereitung seines Gerichts über die Schulter zu schauen. Dass auch der passende Gerstensaft zum Essen von den heimischen Brauereien Hofmühl in Eichstätt und Gutmann in Titting geliefert wird, ist nahelie-gend. Bayerisches Feiertagsbrauchtum macht auch vor der Küche der Starks nicht Halt. So wird von Aschermittwoch bis Karfreitag zum traditionellen Fischessen geladen und im Herbst die Kirchweih mit der dazugehörigen gebratenen Ente gefeiert.

Der Festsaal in der ehemaligen Ochsenstallung begeistert mit einem wunderschönen Kappengewölbe aus dem 17. Jahrhundert.

LAGE

Oberbayern
Wolkertshofen

BEWERTUNG

◆ ◆ ◆

BESONDERHEITEN

KONTAKT

Gasthaus Stark
www.gasthaus-stark.de
Gastgeber: Josef Stark
Dorfstraße 17
85128 Wolkertshofen
Telefon: 08424 485

Braugasthof
TROMPETE

◆ Im Altmühltal lockt eines der ältestesten Wirtshäuser Eichstätts, der Braugasthof Trompete, schon seit Jahren mit freundlichem Service und gleichbleibend guter Küche. Die Gastgeber Annette und Markus Schmidramsl sorgen zusammen mit ihrem Team für eine gelungene Mischung aus klassisch bayerischen und italienischen Gerichten: Dem ofenfrischen Ochsenbraten oder dem Krustenschäuferl stehen diverse Fisch-, Pasta- und Pizzakreationen gegenüber. Sowohl in der Küche als auch an der Bar legt die Trompete Wert auf beste Qualität aus Bayern und der Region. Selbst das Mehl für die Pizzen kommt von der Hainmühle aus dem Naturpark Altmühltal. Ebenso die Forellen, die mit Petersilienkartoffeln serviert werden. Das abwechselnde Mittagsgericht ist für all jene die richtige Wahl, die nur auf einen Sprung vorbeischauen, während es sich im urigen Biergarten und auf der Sonnenterrasse stundenlang aushalten lässt. Für die richtige Abkühlung bei sommerlichen Temperaturen sorgt dann der Weißbier-Sprizz mit einem Schuss Aperol.

Jede Woche gibt es die „Mittagsschnäppchen" für sechs Euro; um die Wartezeit vor Ort zu verkürzen, empfiehlt es sich, das ausgewählte Gericht bereits vorab online zu bestellen.

LAGE

Oberbayern
Eichstätt

BEWERTUNG

BESONDERHEITEN

KONTAKT

Braugasthof Trompete
www.braugasthof-trompete.de
Gastgeber: Markus Schmidramsl
Ostenstraße 3
85072 Eichstätt
Telefon: 08421 98170

Gasthof
KRONE

◆ Seit drei Jahren nun sorgt Familie Groh im Gasthof Krone in Oberbayern für glückliche und satte Eichstätter. Die Speisekarte ist bayerisch inspiriert, alles rund um Schnitzel, Schweinebraten und Co. findet seinen Weg zum Gast. Der modern gehaltene Gastraum sorgt mit dunklem Holz und hellen Wänden für ein behagliches Wohlfühlklima und liefert das passende Ambiente für die vielfältige Speisekarte. Regional produziert, am Herd in schmackhafte Gerichte verwandelt: In die Pfannen und Töpfe kommen fast ausschließlich heimische Zutaten. Aufmerksamkeit verdienen die verschiedenen Röstivariationen, die mit Ziegen-frischkäse gratiniert nach Frankreich oder mit gebratenen Früch-ten und Currysoße serviert nach Bombay entführen. Für den klei-nen Hunger sind die Lammbratwürste von der Metzgerei Wörlein aus Bieswang die richtige Wahl, die mit würzigem Sauerkraut und Bauernbrot aufgetischt werden. Im süßen Nachgang tun sich vor allem die Bayrisch Creme mit Roter Grütze oder das lauwarme Schokoladensoufflé mit Vanillesoße und hausgemachtem Pflaumenkompott hervor.

Die zentrale Lage am Domplatz zelebriert nicht nur die Innenterrasse mit überdachter Außengalerie, sondern auch der Weißbiergarten mit Blick auf den Eichstätter Dom.

LAGE

Oberbayern
Eichstätt

BEWERTUNG

◆◆

BESONDERHEITEN

KONTAKT

Gasthof Krone
www.krone-eichstaett.de
Gastgeber: Melanie
Puchtler-Groh
Domplatz 3
85072 Eichstätt
Telefon: 08421 4406

Landhotel
GEYER

◆ Wer ein gutes Lammgericht zu schätzen weiß, ist im Landhotel Geyer – Mitglied und Träger des bewährten Qualitätssiegels „Altmühltaler Lamm" – genau richtig. Seit beeindruckenden acht Generationen wird die einstige Bauernwirtschaft von der Familie Geyer geführt und gehört heute zu den besten Adressen der Region. Das Team um Küchenchef und Inhaber Johann Geyer widmet sich neben den deftigen bayerischen und fränkischen Schmankerln auch der leichten Fitness-Kost. Dafür spricht nicht nur das überwältigende Salatbuffet, sondern auch die teilweise ausgefalleneren Variationen regionaler Klassiker. Die Karte wechselt täglich, wobei sich der Liebhaber traditioneller Speisen jeden Sonntag auf seinen Braten freuen darf. Eine besondere Spezialität ist das „Schäferpfandl", das Delikatessen vom Altmühltaler Lamm mit Semmelknödel und Gemüse in der gusseisernen Pfanne vereint. Doch nicht nur das beliebte Lammfleisch kommt direkt aus dem Altmühltal, die Angus-Rinder liefert der Schmiedebauernhof aus Enkering, Schweine werden im eigenen Stall aufgezogen und Obst im Garten geerntet.

Im Online-Gutschein-Shop lassen sich ganz bequem Geschenkgutscheine für Familie und Freunde zusammenstellen; Versand erfolgt anschließend per Mail.

LAGE

Oberbayern
Pfahldorf

BEWERTUNG

◆ ◆ ◆

BESONDERHEITEN

KONTAKT

Landhotel Geyer
www.landhotel-geyer.de
Gastgeber: Johann Geyer jun.
Alte Hauptstraße 10
85110 Pfahldorf
Telefon: 08465 1730630

KÖSCHINGER WALDHAUS

◆ Die Geschichte des Köschinger Waldhauses kann durchaus als königlich bezeichnet werden. Seit 1967 ist das Gasthaus Eigentum der Wittelsbacher und 2008 wurde es durch Herzog Franz von Bayern sogar erweitert und modernisiert. Heute empfängt Familie Rühl ihre Gäste mit traditioneller bayerischer Wildküche. Die dem Gasthaus angeschlossene Metzgerei verarbeitet ausschließlich bestes Wildbret aus den alten Jagdrevieren des Köschinger Forsts und Fleisch von streng ökologisch wirtschaftenden Bio- und Naturlandhöfen. Eine kleine eigene Landwirtschaft steuert Freiland-Eier und Obst nach Saison bei. Hirsch-, Reh- und Wildschweingerichte prägen die Karte und trumpfen mit einer modernen Interpretation auf. Zarte Rehmedaillons mit Pecorino-Kruste und Kürbis-Kartoffel-Ravioli oder saftiger Wildschweinbraten mit Preiselbeeren lassen schon beim Lesen das Wasser im Mund zusammenlaufen. Spezialitäten wie Wildschinken oder Wildsalami bringen das Beste aus den Wittelsbacher Wäldern auch in die heimischen vier Wände.

Die „Waldhaus-Präsentkörbe" versammeln Wild- und Wurstspezialitäten aus der hauseigenen Metzgerei; auf Wunsch begleitet von edlen Weinen und Pralinen.

LAGE

Oberbayern
Kösching

KONTAKT

Köschinger Waldhaus
www.koeschinger-waldhaus.de
Gastgeber: Familie Rühl
Köschinger Waldhaus 2
85092 Kösching
Telefon: 08405 924920

BEWERTUNG

BESONDERHEITEN

WAGNER

◆ Genuss heißt im Landgasthof Wagner: „Wissen, was man isst.“ Denn der entsteht nur in einer Umgebung, in der die Kultur von gutem Essen und Trinken gepflegt und gelebt wird. Die natürlichen Schätze des Altmühltals – Bio-Rind- und Schweinefleisch vom Kloster Plankstetten oder Lamm von der Schäferei Eichhorn in Schernfeld – werden in der Küche mit „einer Portion Fantasie, einem Stück Raffinesse und einer Prise Besonderheit“ zu echten Genuss-Highlights und Gaumenfreuden zubereitet. Damit sorgt Küchenchef Michael Wagner, der sein kulinarisches Können bereits am Herd zweier Fünf-Sterne-Hotels unter Beweis gestellt hat, für Gerichte, die in Erinnerung bleiben. Eine Spezialität des Hauses sind die fangfrischen Fische. Von der biologischen Quellwasseraufzucht der Fischzucht Ullermann tummeln sie sich bis zur Zubereitung in einem Kalter vor dem Haus. Im Ganzen gebraten, blau, in der Folie gegart oder als Filet: Die Forellen, Saiblinge und Karpfen sind eine wahre Delikatesse. Die hauseigene Räucherkammer sorgt zudem für Schinken und Bratwürste wie zu Omas Zeiten.

Die 25 Zimmer des Landgasthofes sorgen mit modernen und hochwertigen Möbeln und Materialien für Entspannung der angenehmsten Art.

LAGE

Oberbayern
Kinding

KONTAKT

Landgasthof Wagner
www.landgasthof-wagner.de
Gastgeber: Michael Wagner
Unteremmendorf 5
85125 Kinding
Telefon: 08467 279

BEWERTUNG

BESONDERHEITEN

Romantikhotel Metzgerei Gasthof
DER MILLIPP

◆ Der wunderschöne, denkmalgerecht renovierte Gasthof „Der Millipp" gehört heute in sage und schreibe 15. Generation der Familie Walthierer und beherbergt neben dem Wirtshaus ein Romantikhotel und eine Metzgerei. Die Küche des Fachwerkhauses setzt auf Ehrlichkeit. Typisches aus der Region ergibt mit besten Zutaten und nach traditionellen Rezepten zubereitet eine Auswahl raffinierter Gerichte, wie etwa die sous-vide-gegarte Rinderwade mit gebratenem Karotten-Honig-Gemüse, Salbeikartoffeln und dunkler Trüffeljus. Fast vergessene heimische Kräuter verleihen den Speisen dabei einen unverwechselbaren Geschmack. Neben den bayerischen Klassikern sorgen mediterrane Kreationen für leichte Alternativen. In der hauseigenen Metzgerei ist man wie im Restaurant stolz auf die über fünfhundertjährige Tradition des Hauses, denn die alten Familienrezepte leben noch heute in der Herstellung der Millipp'schen Fleisch- und Wurstspezialitäten weiter. Einige der Delikatessen – Bauernbratwurst, Jagd- oder Bayerische Bierwurst – kann man sich sogar per Post nach Hause liefern lassen.

Für Freunde, Feierlichkeiten oder Familientreffen bietet sich „Millipp's Reindlessen" an, bei dem ofenfrische Fleischspezialitäten in familiärer Runde serviert werden.

LAGE

Oberbayern
Beilngries

BEWERTUNG

◆ ◆

BESONDERHEITEN

KONTAKT

**Romantikhotel Metzgerei Gasthof
Der Millipp**
www.der.millipp.de
Gastgeber: Stephanie Walthierer-
Celler
Hauptstraße 9
92339 Beilngries
Telefon: 08461 1203

Hotel

DIE GAMS

◆ Was 200 Jahre lang erprobt wurde, ist mit Sicherheit perfektioniert. Davon kann beim Ringhotel „Die Gams" im oberbayerischen Beilngries definitiv die Rede sein. Gastgeberfamilie Liebscher sorgt mit Altmühltaler Gourmetküche für glückliche Gesichter. Ihr kulinarisches Motto „zuerst mit viel Liebe produziert, am Ende mit Stolz und Freude serviert" spiegelt auch den respektvollen Umgang mit heimischen Produkten wider. Kulinarische Vielfalt und regionale Spezialitäten bietet die Speisekarte. Zu empfehlen sind etwa das Saiblingsfilet mit Frühlingslauch, Weißweinsoße, Büffelmozzarella-Ravioli und gebratenen Pfifferlingen. Der Fleischgenuss wird mit dem Steak von der Lammhüfte auf Kräuterjus, mit Zwiebelconfit, Ratatouille, Bohnen und Knoblauchkartoffeln gestillt. Im kulinarischen Kalender wird mit heimischen Produkten und internationaler Küche gekonnt gespielt. Spargel, Lamm, Wild und Kürbis treffen auf die Asiatischen und Italienischen Wochen und in der Sommerzeit wird zudem der kreisförmige Feuerring für saftige Grillspezialitäten angeheizt.

Das Nebengebäude, die „Schmiede7", ist mit sieben einzigartig gestalteten Themenzimmern und dem urgemütlich eingerichtetem Erdgeschoss optimal für Feiern oder Firmen-Workshops jeder Art.

LAGE

Oberbayern
Beilngries

KONTAKT

Hotel Die Gams
www.hotel-gams.de
Gastgeber: Markus Liebscher
Hauptstraße 16
92339 Beilngries
Telefon: 08461 6100

BEWERTUNG

◆ ◆ ◆

BESONDERHEITEN

SEITE / GASTHÄUSER

SCHWABEN

Donau

Lech

206

204

196   A8

194 Neu-Ulm   202

AUGSBURG   200

198

A7

192

190

188 A96

186

184

A7

182 Kempten   174

176

180   172

178

Hotel
STEIGER

◆ Das Hotel Steiger in Schwangau freut sich über eine wahrhaft königliche Lage. Am Fuße der Allgäuer Alpen trennen den Gasthof nur wenige Kilometer von Schloss Neuschwanstein. Schon zu einem Zeitpunkt, als bio für viele noch ein Fremdwort war, legte man in der Küche Wert auf die umweltfreundliche Erzeugung und regionale Herkunft der Zutaten. Statt auf Geschmacksverstärker greift Küchenmeister Timo Steiger für den intensiven Geschmack der Speisen auf alpenländische Kräuter zurück, die er im eigenen Garten zieht. Im „Kräuterhotel und Kräuterrestaurant" begegnet man den würzigen Gewächsen auf der Karte fast überall: an der gebeizten Forelle mit Zitronen-Dill-Creme und Kartoffelrösti ebenso wie an den hausgemachten mit Almblüten- und Bergkäse, Spinat und getrockneten Tomaten gefüllten Maultaschen auf Kerbelsoße und Kräutersalat – ein beliebter Dauerbrenner übrigens. Allgäuisch-deftig soll es sein, aber immer mit Pfiff. Süße Versuchungen wie der lauwarm servierte Schokoladen-Chili-Kuchen mit Himbeer-Minz-Sorbet hätten wahrscheinlich auch Ludwig II. ins Schwärmen gebracht.

Eine Besonderheit ist die hoteleigene Praxis für Physiotherapie, die zum Wellnessbereich gehört: Ein breites Therapie- und Behandlungsspektrum ist somit garantiert.

LAGE

Schwaben
Schwangau

BEWERTUNG

◆ ◆ ◆

BESONDERHEITEN

KONTAKT

Hotel Steiger
www.hotelsteiger.de
Gastgeber: Monika und Timo
Steiger
Frauenbergstraße 52b
87645 Schwangau
Telefon: 08362 81067

Gasthof
ZUM HIRSCH

◆ In der Nähe der Schlösser Neuschwanstein und Hohenschwangau befindet sich eine Gaststätte, die ebenfalls einen Ausflug wert ist: der familiengeführte Gasthof zum Hirsch. Ob im Restaurant, in der Wirtsstube, im Biergarten oder an der Bar: Die bayerische Wirtshauskultur wird im Gasthof von Familie Knüsli mit Herzblut gelebt. In der Küche ist der Ansporn groß: „Stetig ein bissle besser werden". Und das gelingt im Hirschen auch ohne eine 180-Grad-Drehung von Traditionsgerichten. Ein wenig an den Zeitgeist angepasst sind die deftigen Hirschrouladen, die mit hausgeräuchertem Schweinenussschinken und Datteln gefüllt sind, oder das Hasenmahder Honigschnitzel in feiner Panade, das im Inneren selbst gemachten Honig und Senf versteckt. Dazu gibt es Kräuterspätzle oder Bratkartoffeln. An der Rezeptur für die „Grießschnitten von d'r Uroma", die nach einer Butterschmalz-Begegnung mit Zimt und Zucker bestreut serviert werden, wurde hingegen nichts geändert, immerhin schmecken die schon seit Jahrzehnten traditionell gut.

Wer eine Party in den eigenen vier Wänden plant, dem steht das Catering-Team des Hirschen gerne zur Seite. Blickpunkt ist dann der mobile Ausschankwagen, die „Wartburg 311 Limousine".

LAGE

Schwaben
Görisried

KONTAKT

Gasthof zum Hirsch
www.hirsch-goerisried.de
Gastgeber: Florian Knüsli
Kirchplatz 6
87657 Görisried
Telefon: 08302 249

BEWERTUNG

BESONDERHEITEN

Brauerei-Gasthof

HOTEL POST

◆ Bei dem Brauerei-Gasthof Hotel Post in Nesselwang ist nach einem Blick auf die Speisekarte klar, welchem Rohstoff hier ein besonders hoher Stellenwert eingeräumt wird: Das Bier aus der familieneigenen Brauerei füllt nicht nur die Krüge, sondern veredelt auch die angebotenen Speisen. Nur das „Beste aus Sudhaus, Küche und Keller" kommt bei Küchenchefin Hilde Straubinger auf den Tisch. Allgäuisch-bayerische Schmankerl wie der ofenfrische Schweinsbraten und die „NWD-Haxe", Nesselwang-Dunkel-Haxe, zählen zu den beliebtesten Gerichten. Beide Fleischgerichte werden bei ihrer Zubereitung fleißig mit dem namensgebenden dunklen Hopfengetränk übergossen. Beim Hirschbraten „Hl. Magnus" findet hingegen das Nesselwanger Gold seinen Weg zum Wild. Langsam im Bier geschmort und mit Preiselbeeren, Blaukraut und Semmelknödel serviert, erfreut es den Gast. Nach dem reichhaltigen Essen schließen gebrannte Bier-Spezialitäten wie der Nesselwanger Hopfengeist oder der Bierlikör Rumpelstilzchen den Magen. Nahezu alle Rohstoffe für die schmackhaften Gerichte werden von Lieferanten aus dem Allgäu bezogen.

Jeden Freitag um 19:00 Uhr, samstags um 11:00 Uhr oder nach Vereinbarung: Brauereibesichtigungen für interessierte Gäste.

LAGE

Schwaben
Nesselwang

BEWERTUNG

BESONDERHEITEN

KONTAKT

Brauerei-Gasthof Hotel Post
www.hotel-post-nesselwang.de
Gastgeber: Karl Meyer
Hauptstraße 25
87484 Nesselwang
Telefon: 08361 30910

Dorfgasthof

BEIM KREUZWIRT

◆ Nach einer Wandertour durch das idyllische Allgäu empfiehlt es sich, einen kurzen Halt beim Kreuzwirt in Fischen zu machen – vor allem, wenn man ein Fan der bayerisch-schwäbischen Küche ist. Helles Holz und die geringe Raumhöhe verleihen den Stuben eine ganz besondere Gemütlichkeit. Wohlfühlen ist auch am Herd angesagt: Wirt Anton Schöll mag's deftig – und zaubert frische Schweinshaxen, Tellersülze mit Bratkartoffeln und Zwiebelrostbraten auf den Teller. Daneben finden Allgäuer Käsespezialitäten ihren Niederschlag in Vorspeise, Hauptspeise und Brotzeitplatte. Spätzle, Wurstsalat, selbst der Salatteller werden so zur Liebeserklärung an die Region. Wer Süßes mag, sollte sich übrigens die Zwetschgenknödel mit Zimtzucker, Sauerrahm und Butterbröseln oder den geeisten Kaiserschmarrn mit Vanille-Rum Mousse, Mandeln, Karamell und Beerentopf nicht entgehen lassen. Dienstags und freitags kann es im Gasthof mitunter ganz schön laut werden: Mit dem Akkordeon feiert dann die bayerische Wirtshausmusi' ihren Einzug.

Ein Haus mit Tradition: Der Gasthof steht bereits seit 1639 im Dorf.

LAGE

Schwaben
Fischen im Allgäu

BEWERTUNG

BESONDERHEITEN

KONTAKT

Dorfgasthof Beim Kreuzwirt
www.kreuzwirt-fischen.de
Gastgeber: Anton Schöll
Hauptstraße 13
87538 Fischen
Telefon: 08326 2569310

Hotel & Restaurant
DER LÖWE

◆ Wer an Allgäu denkt, denkt an Alpenpanorama, Schloss Neuschwanstein und sattgrüne Kuhweiden. Dass man im schwäbischen Burgberg auch wunderbar schlemmen kann, beweisen die Gastgeber Johannes Schilf und Alissa Fuentes Santana im Löwen. Die stilvoll eingerichteten Gasträume erzeugen mit hellem Holz, kräftigen Farben und warmem Licht die Atmosphäre einer kuscheligen Almhütte. Am Herd wird der traditionellen bayerischen Küche mit regionalen, frischen Zutaten und einer Prise Kreativität neues Leben eingehaucht. Die saisonal inspirierte Karte lockt mit der Räucherfischvariation aus dem Unterallgäu an Marillen-Meerrettich-Creme und hausgemachtem Reiberdatschi oder diversen Wildgerichten. Der Büffel-Burger vom Memminger Wasserbüffel, mit Bier-Senf-Soße und frischem Meerrettich im schwarzem Burger-Brötchen, begeistert die Gäste ebenso wie die in Portwein geschmorten Kalbsbäckchen an Brokkoli und Kartoffel-Kürbis-Püree. Im süßen Nachgang tut sich vor allem das Joghurt-Holunder-Mousse mit Beerenragout hervor.

Das „Löwe Alpin-Loft" bietet auf 120 Quadratmeter genügend Platz für vier bis zehn Personen: offene Wohnküche und riesiger Südbalkon inklusive.

LAGE

Schwaben
Burgberg

BEWERTUNG

◆ ◆ ◆

BESONDERHEITEN

KONTAKT

Hotel & Restaurant Der Löwe
www.loewe-burgberg.de
Gastgeber: Johannes Schilf und
Alissa Fuentes Santana
Grüntenstraße 1
87545 Burgberg
Telefon: 08321 2766343

Hotel

BAYERISCHER HOF

◆ Am Rand der Kemptner Altstadt lädt Familie Nägele mit landestypischer Gastfreundlichkeit und Herzlichkeit in ihr geschichtsträchtiges Gasthaus ein. Originalholzdecken und wunderschöne Holzvertäfelungen der Stuben zeugen von der 550-jährigen Geschichte. Das Küchenteam beherrscht die perfekte Zubereitung eines traditionellen Gerichts ebenso wie die hohe Kunst eines feinen mehrgängigen Menüs. Die Zutaten stammen aus der Region und begeistern zu schmackhaften Speisen verarbeitet alle Liebhaber der bayerischen Klassiker. Der ofenfrische Schweinebraten an Dunkelbiersoße mundet ebenso wie der Allgäuer Zwiebelrostbraten mit hausgemachten Kässpätzle. Vegetarier freuen sich über die Ofenkartoffel sin Carne oder die Tagliatelle mit Auberginen-Zucchini-Tomaten-Ragout. In der Gartenwirtschaft, inmitten uralter Blutbuchen, schmeckt das „Jamei Laibspeis Käsebrett" zum kühlen Bier aus der Pfrontner Brauerei Falkenstein besonders gut. Events wie das „Dinner in the Dark" oder das herbstliche Whisky-Seminar sorgen für Glanzpunkte im Jahreskreis.

Beliebt ist das „Dinner in the dark": Ein erlesenes 4-Gänge-Menü wird im vollkommen abgedunkelten Raum serviert; ein Geschmackserlebnis für alle Sinne.

LAGE

Schwaben
Kempten

BEWERTUNG

◆ ◆ ◆

BESONDERHEITEN

KONTAKT

Hotel Bayerischer Hof
www.bayerischerhof-
kempten.de
Gastgeber: Cornel Nägele
Füssener Straße 96
87437 Kempten
Telefon: 0831 57180

AKZENT Brauerei Hotel

HIRSCH

◆ Den Blick von der Terrasse des Gasthofs Hirsch auf die Benediktinerabtei in Ottobeuren hat Gastgeber und Küchenmeister Bernd Hafenrichter wörtlich genommen. „Altes bewahren und mit Neuem verbinden" lautet seine anspruchsvolle Philosophie. Nur das Beste, was die Region an Produkten zu bieten hat, schafft es in die Töpfe und Pfannen von Hafenrichter. Heraus kommen Allgäuer Spezialitäten, aber auch Feines aus der Weltküche und raffiniert leichte Gerichte. Hausgemachte Nudeltaschen mit Rote-Beete-Ricotta und buntem Gemüse oder das „Mälzerschnitzel" mit kräftiger Malzpanade, Biersoße und Bratkartoffeln suchen Abnehmer. Etwas Besonderes ist der „Leibspeisen-Sonntag", wenn die Karte ein besonderes Gericht „aus Omas Kochbuch" zelebriert. Das Bier der hauseigenen Brauerei findet jedoch nicht nur als Getränk und in Soßen Anwendung. Der eiweißreiche Treber, ein Überbleibsel des ausgelaugten Malzes in der Bierherstellung, findet sich auch im selbst gebackenen Brot wieder. Für Interessierte gibt es zudem Führungen und Degustationen unter der fachlichen Anleitung des Biersommeliers und Braumeisters.

Krimi-Dinner, Faschingsball, Sonntags-Brunch: Im Hirsch ist das ganze Jahr über einiges los.

LAGE

Schwaben
Ottobeuren

BEWERTUNG

BESONDERHEITEN

KONTAKT

AKZENT Brauerei Hotel Hirsch
www.hirsch-ottobeuren.de
Gastgeber: Bernd Hafenrichter
Marktplatz 12
87724 Ottobeuren
Telefon: 08332 796770

Hotel & Restaurant

ENGELKELLER

Im Herzen von Memmingen bietet das Vier-Sterne-Hotel und Restaurant Engelkeller mit moderner Eleganz in den Gasträumen den passenden Rahmen für kulinarischen Hochgenuss. Gastgeberin und Köchin Anna Laupheimer verleiht der gehobenen Jahreszeiten-Küche gekonnt ihre Signatur. Die Speisekarte ist regional geprägt und lockt mit ebenso leichten wie kreativen Fleisch- und Fischgerichten. Rinderfiletspitzen in Cognacrahm mit Tagliarini oder das herzhafte „Schwäbische Quartett" mit Zwiebelrostbraten, hausgemachter Maultasche, Krautkrapfen und Käsespätzle wollen verspeist werden. Vegetarischen Genuss versprechen die Spinat-Ricotta-Taschen in Salbei-Butter. Für die süße Versuchung am Schluss sorgen die saisonalen Dessert-Empfehlungen sowie die hausgemachten Sorbets. Nur beste Produkte finden am Herd Verwendung. Fisch, Wild und Fleisch stammen direkt aus der Region. Kompromisslose Qualität und Frische sind im Engelkeller die Grundlage für die hochwertige Gastronomie. Abgerundet wird die kulinarische Reise von einer erlesenen Weinauswahl.

Von Dienstag bis Freitag gibt es spezielle Mittagsangebote für den schmalen Geldbeutel.

LAGE

Schwaben
Memmingen

BEWERTUNG

◆ ◆ ◆

BESONDERHEITEN

KONTAKT

Hotel & Restaurant Engelkeller
www.engelkeller.de
Gastgeber: Familie Laupheimer
Königsgraben 9
87700 Memmingen
Telefon: 08331 9844490

Brauerei – Gasthof – Hotel

LAUPHEIMER

◆ Mit der schmalen Kost des Frauenkonvents Klosterbeuren, das einst im Gemäuer untergebracht war, hat die Küche des Laupheimer in Westerheim-Günz nicht mehr viel gemein: Rustikale Schmankerl und kreative Köstlichkeiten aus fangfrischem Fisch oder Fleisch und Wild aus der Region machen das Wirtshaus zum Treffpunkt für echte Genussmenschen. Im kulinarischen Kalender geht es hoch her. Von Fisch bis Lamm über Bärlauch und Spargel bis hin zu Martinsgans und Wild: Martin Laupheimer schöpft die saisonalen Schätze voll aus. Besonders zu empfehlen sind die Spezialitäten vom Allgäuer Weiderind, zum Beispiel als Vorspeisen-Carpaccio oder als zarter Sauerbraten in Balsamico-soße. Traditionell im Kupfertopf serviert wird die gekochte Rinderhochrippe in kräftiger Brühe mit Meerrettichsoße und Salzkartoffeln. Zünftige Brotzeiten und süße Magenschließer runden die Karte ab. Im Sommer kann das „Bräustüble" mit seinem imposanten Kreuzgewölbe gegen ein schattiges Plätzchen unter Kastanienbäumen im Biergarten eingetauscht werden.

Jahreszeitenküche: im April Lamm- und Bärlauchgerichte probieren und im Herbst Laupheimers Ente.

LAGE

Schwaben
Westerheim-Günz

BEWERTUNG

BESONDERHEITEN

KONTAKT

**Brauerei – Gasthof – Hotel
Laupheimer**
www.laupheimer.de
Gastgeber: Martin Laupheimer
Dorfstraße 19
87784 Westerheim-Günz
Telefon: 08336 7663

Landgasthof
ZUM ADLER

◆ Die Freude am Kochen und die Achtung vor Qualität und Herkunft der Lebensmittel schmeckt man im Landgasthof Adler in Fellheim. Reinhard Schiefele, Chef und Küchenmeister, teilt sein kulinarisches Wissen sowie Kniffe und Tricks in wöchentlichen Kursen nur allzu gerne mit seinen Gästen. Dann dreht sich alles um „Das perfekte Steak" oder „Saucen, Saucen, nochmals Saucen". Die Speisekarte im Adler wechselt alle vier Wochen und bietet bekannte schwäbische Rezepte in moderner Interpretation und den ein oder anderen Ausflug in die Weltküche – asiatisch, afrikanisch und immer wieder mediterran: Saltimbocca vom Allgäuer Vollmilchkalb mit gefüllter Grilltomate und Gnocchi macht Lust auf den Sommer und schmeckt in den drei Gaststuben ebenso gut wie im schönen Kastanienbiergarten. Der Landgasthof gehört zu den Betrieben der „LandZunge", dem „Pakt für den guten Geschmack". Dieses Netzwerk aus Erzeugern, Lieferanten und Gastronomen Allgäu-Oberschwabens steht für beste Qualität aus dem Umland und kurze Lieferwege.

Highlight: die „Küchenparty", bei der man dem Kochteam während der Zubereitung der zahlreichen Menü-Gänge über die Schulter schauen und auch direkt aus dem Topf probieren kann.

LAGE

Schwaben
Fellheim

BEWERTUNG

◆ ◆ ◆

BESONDERHEITEN

KONTAKT

Landgasthof zum Adler
www.landgasthof-zum-adler.de
Gastgeber: Reinhard Schiefele
Memminger Straße 5
87748 Fellheim
Telefon: 08335 260

Hotel & Restaurant

DORNWEILER HOF

In Illertissen wird dank des Dornweiler Hofs von Hans und Priska Steinhart Gemütlichkeit nach Schwaben gebracht. Dafür sorgen behagliche Nischen und Stuben im Gastraum. Zwischen elegant und rustikal bewegt sich auch die Küchenphilosophie: Dass man hier dem Allgäu nahe ist, kann man der Speisekarte entnehmen: Osterberger Lamm, Allgäuer Weiderind, Geflügel vom Dangelhof oder frisches Gemüse, überwiegend vom Illertisser Wochenmarkt, werden in kreative, feine und leichte Spezialitäten verwandelt. Pochiertes Kalbsbries an einer Portweinglace, Kartoffeln und Gemüse oder das geschmorte Rehragout mit Hagebuttensoße, Kräutersaitlingen, Kartoffelkroketten und Rotkohlgemüse stillen die Sehnsucht der Fleischeshungrigen. Auf die Vegetarier warten hingegen die Käsetortellini mit Alblinsen und Gemüse. Die 16 lauschig eingerichteten Zimmer mit französischem Rundbalkon sorgen zudem inmitten von grünen Wiesen für ein Gefühl von Auszeit.

Die Sonnenterrasse zeigt sich mit gemütlichen Sitzmöglichkeiten unter dem Pavillon und umgeben von viel Grün von seiner besten Seite.

LAGE

Schwaben
Illertissen

KONTAKT

**Hotel & Restaurant
Dornweiler Hof**
www.dornweilerhof.de
Gastgeber: Hans Steinhart
Dietenheimer Straße 93
89257 Illertissen
Telefon: 07303 959140

BEWERTUNG

BESONDERHEITEN

Hotel-Landgasthof
HIRSCH

◆ So frisch und neu sich der Landgasthof Hirsch in Finningen auch präsentiert, einzigartig macht ihn in erster Linie seine einstige Vergangenheit als Zehntstadel. Johann Britsch zieht die Fäden in fünfter Generation, während sich in der Küche Christian Epple gekonnt zwischen regionalen Spezialitäten und internationalen Gaumenschmeichlern bewegt. Die absolute Frische aller verwendeten Produkte ist dabei nicht nur die Voraussetzung, sondern auch die Maxime. Der Jahreszeit entsprechend werden wechselnde kulinarische Überraschungen zubereitet und auch im Wochenrhythmus sind bestimmte Köstlichkeiten „ihrem" Tag zugeordnet: Montag und Dienstag stehen etwa als Steak-Tage ganz im Zeichen des Premiumfleisches. Bei schönem Wetter wird den Gästen jeden Donnerstag im Kastaniengarten mit saftigen Leckereien vom „Firefighter-Barbecue" eingeheizt. Der absolute Renner ist aber der sonntägliche „Schlemmer-Brunch": Von der eigentlichen Frühstücksecke geht es über delikate Vor- und deftige Hauptspeisen hin zu süßen Dessertkreationen.

Die „Genuss-Werkstatt" bringt – umringt von Oldtimern – die Gegensätze von Fabrikhalle und Kochschule auf beeindruckende Weise zusammen.

LAGE

Schwaben
Neu-Ulm/Finningen

BEWERTUNG

BESONDERHEITEN

KONTAKT

Hotel-Landgasthof Hirsch
www.hirsch-nu.de
Gastgeber: Großfamilie Britsch,
Epple, Seidl und Durst
Dorfstraße 4
89233 Neu-Ulm/Finningen
Telefon: 0731 970744

Landgasthof
WALDVOGEL

◆ Zwanzig Hektar Ackerland, zwei Hektar Gemüse- und Salatanbau, ein Kräutergarten und eine Streuobstwiese mit eigenem Waldstück – das alles gehört zum Landgasthof Waldvogel in Leipheim. Familie Ihle führt ihren Waldvogel mit „grünem Herzblut". Angefangen bei der Adresse – was sicher mehr Zufall als Absicht war – wird hier die Einigkeit von Natur und Fortschritt gelebt. Ein nachhaltiges Energiekonzept mit Photovoltaikanlage, Solarzellen und Hackschnitzelheizung, befeuert mit selbst angebautem Miscanthus (Elefantengras), sorgt für umweltverträgliche Eigenständigkeit. Die Küche steht für regionale Köstlichkeiten mit Raffinesse: Traditionalisten freuen sich über die schwäbische Flädlesuppe, während ausgefallenere Geschmäcker mit dem Vogelstrauß-Gulasch mit zweierlei Knödel und Zitronenschmand eine gute Wahl treffen. Als anerkannter schwäbischer Kartoffelwirt räumt der Waldvogel der vielseitigen Knolle natürlich einen besonderen Platz auf der Karte ein: Es gibt sie als Spätzle, Strudel, „Buabaspitzle" und freitags sogar in Form von frisch gebackenem Kartoffelfladenbrot zum Mitnehmen.

Frische Brotlaibe sowie hausgemachte Marmeladen, Senfkreationen und Liköre können auch für daheim erworben werden.

LAGE

Schwaben
Leipheim

BEWERTUNG

BESONDERHEITEN

KONTAKT

Landgasthof Waldvogel
www.wald-vogel.de
Gastgeber: Familie Ihle
Grüner Weg 1
89340 Leipheim
Telefon: 08221 27970

RESI'S JÄGERHAUS

◆ Ausgesprochen idyllisch im Naherholungsgebiet von Königs-brunn liegt Resi's Jägerhaus: ein unkompliziertes kleines, aber fei-nes Restaurant, das man im Radl-Dress ebenso aufsuchen kann wie mit dem Kinderwagen – oder abends zu einem Candle-Light-Dinner im edlen Zwirn. Auch auf der Speisekarte findet sich für jeden Geschmack etwas. Eine große Auswahl von klassischen Fleischgerichten wie „Resi's Jägerhausschnitzel", der Schwäbische Rostbraten oder das regional inspirierte „Schlemmertöpfle", über-backenes Schweinefilet mit Spätzle und Champignonsoße, erfreuen den Gaumen. Aus vegetarischer Sicht locken die „Laber-taschen", Maultaschen mit Spinat-Frischkäse-Füllung, geschwenkt in einer feinen Knoblauch-Sahne-Soße. Saisonale Spezialitäten wie Spargel oder Wild finden ebenfalls, deftig interpretiert, ihren Niederschlag auf der Karte. Die abwechslungsreiche Küche besticht jedoch vor allem mit saisonalen Angeboten wie den Grill-abenden rund um den original amerikanischen Smoker im Som-mer und den „Fonduewelten" im Winter.

Jeden Donnerstag, ab zehn Uhr, wird zum Weißwurstessen geladen.

LAGE

Schwaben
Königsbrunn

KONTAKT

Resi's Jägerhaus
www.resis-jägerhaus.de
Gastgeber: Maria
Theresia Bayrle
Fohlenhofstraße 46
86343 Königsbrunn
Telefon: 08231 5409

BEWERTUNG

◆ ◆

BESONDERHEITEN

KÜHNERS LANDHAUS

◆ Im Kühners Landhaus im schwäbischen Kissing wird bayerisch aufgekocht, aber „zeitgemäß und ohne Chichi". Gastgeber und Küchenchef Andreas Kühner betreibt sein Restaurant mit hoher lokaler Verbundenheit, heimische Produkte sind für den jungen Wirt das Salz in der Suppe. Das kann man an der Speisekarte klar ablesen. Kreativ werden die bayerisch-schwäbischen Spezialitäten präsentiert und alte Rezepte neu aufgefrischt, was das Ochsengeschnetzelte mit Steinpilz-Grappa-Soße, Speckwürfeln und Kartoffelrösti wirkungsvoll unterstreicht. Hauptdarsteller sind aber das ganze Jahr über die Dry-Aged-Steaks von Tieren aus dem Wittelsbacher Land: eine Delikatesse, nicht nur in Hinblick auf den heimischen Kulturraum und nachhaltiges Wirtschaften. Doch Nachhaltigkeit hört bei Andreas Kühner hier noch nicht auf: Gekocht wird ausschließlich mit Öko-Strom. Auch im Gastraum ist man sich den Schätzen der heimischen Natur bewusst. Mit klaren, modernen Elementen wurden die 400 Jahre alten Holzelemente in Szene gesetzt. In Kombination mit behaglichen Nischen und akzentuierter Dekoration wird der Besuch so zu einem Erlebnis.

Von September bis Januar erfreut sich die ganze Gans, vom Chef höchstpersönlich am Tisch tranchiert, großer Beliebtheit.

LAGE

Schwaben
Kissing

KONTAKT

Kühners Landhaus
www.kuehners-landhaus.de
Gastgeber: Andreas Kühner
Gewerbering 3
86438 Kissing
Telefon: 08233 20005

BEWERTUNG

BESONDERHEITEN

Gasthaus
GOLDENER STERN

◆ Lebendig, leidenschaftlich, liebenswert – dafür steht das Gasthaus Goldener Stern in Rohrbach. Stefan Fuß hat die Gaststätte von seinen Eltern übernommen und bei ihnen den Beruf des Wirts von der Pike auf gelernt. Nach Stationen in Edelrestaurants in München und England kocht er nun im eigenen Traditionsgasthaus und verwöhnt seine Gäste mit Delikatessen aus dem Wittelsbacher Land. Seine Kunst stützt er dabei auf zwei Säulen: Tradition und Innovation – die Gerichte sind bayerisch und bodenständig, aber gleichzeitig modern und für einige wunderbare Überraschungen gut. Der Renner ist das „Oxenfleisch" vom Wittelsbacher Weiderind. Daneben will das gebratene Bachsaiblingsfilet mit Baby-Calamar, Kamille-Schaum und Tomatenravioli verzehrt werden. Bei seinen Zutaten setzt Fuß auf kompromisslose Qualität und regionale Produkte. Die Zusammenarbeit mit heimischen Erzeugern macht er gerne für seine Gäste transparent. So kann der Gast auf der Speisekarte mühelos nachlesen, dass das Fleisch für den Rehrücken mit Parmesanknödel und Pastinakencreme von Opa Anton erlegt wurde.

Wer für den Jahrestag etwas ganz Besonderes sucht: In den feinen Menüs brilliert der Küchenchefs mit kreativen Neuinterpretationen der Heimatküche.

LAGE

Schwaben
Rohrbach

BEWERTUNG

BESONDERHEITEN

KONTAKT

Gasthaus Goldener Stern
www.gasthaus-
goldenerstern.de
Gastgeber: Stefan Fuß
Dorfstraße 1
86316 Rohrbach
Telefon: 08208 407

Gasthof und Hotel
WAGNER

◆ Seit über hundert Jahren in Familienbesitz: Im Gasthof und Hotel Wagner in Untergriesbach weiß die gleichnamige Familie, wie erfolgreiche Gastronomie funktioniert. Mit Freude am Gast und mit Leidenschaft in der Küche: Daraus entstehen gutbürgerliche Gerichte. Gastgeber und Küchenchef Kaspar Wagner bedient sich dafür zutatentechnisch nicht nur bei zuverlässigen Stammlieferanten, sondern auch am hauseigenen Kräutergarten. Auf der Speisekarte stehen Schweinebraten mit Kartoffelknödel, schwäbischer Rostbraten mit Kässpatzen und Röstzwiebel und Ochsenburger vom Wittelsbacher Landochsen mit glasierten Zwiebeln im Sauerteigbrötchen. Im Frühjahr gibt es Spargel, im Herbst Wild und zur Kirchweih Ente: Bei Liebhabern der bayerischen Küche bleibt kein Wunsch offen. In der süßen Abteilung wartet mit Amaretto flambierter Kaiserschmarrn, der klassisch mit Apfelkompott serviert wird, oder das Holunderkücherl im Bierteig mit Himbeermark und Vanilleeis vom Bauernhof Lidl in Mering.

Prämiert gut: Der Falstaff Guide listet den Gasthof unter den Top 500 Wirtshäusern in Deutschland.

LAGE

Schwaben
Untergriesbach

BEWERTUNG

◆ ◆ ◆

BESONDERHEITEN

KONTAKT

Gasthof und Hotel Wagner
www.gasthof-wagner.de
Gastgeber: Kaspar Wagner
Harthofstraße 38
86551 Untergriesbach
Telefon: 08251 89770

Wirtshaus

ALTE BRAUEREI MERTINGEN

Zwischen Augsburg und Donauwörth, im bayerischen Schwaben, kümmert sich Familie Nosalski im Wirtshaus der Alten Brauerei Mertingen mit Herzblut um ihre Gäste aus nah und fern. Die Küche ist bayerisch inspiriert und verarbeitet ausschließlich regionale Produkte. Transparenz ist dem Gastgeber Franz Nosalski besonders wichtig: Wildfleisch liefern heimische Jäger oder der Seniorchef persönlich, die übrigen Zutaten wie Gemüse, Kartoffeln und Eier stammen ebenfalls aus der Umgebung. Fast schon experimentell geht es im kulinarischen Kalender zu: Mit Feijoada und Churrasco, Pizza und Antipasti werden die Gäste nach Brasilien und Italien entführt. Auch sonst ist in der Alten Brauerei einiges los: Am Muttertag liefert das Spargelbuffet Frühlingsgefühle, im Sommer werden Spezialitäten vom Grill zelebriert und ganzjährig entführen verschiedene Themendinner in die Welt von Frankenstein, Abba und die Kunst der Magie. Wer den Geschmack der Alten Brauerei mit nach Hause nehmen möchte, der sollte sich die Biernudeln oder den Biersenf nicht entgehen lassen.

Mit Schafkopf-Turnier, Musical-Dinner oder dem Gruseldinner „Dr. Jekyl und Mr. Hyde" ziehen beliebte Events in die Alte Brauerei.

LAGE

Schwaben
Mertingen

BEWERTUNG

◆ ◆

BESONDERHEITEN

KONTAKT

**Wirtshaus Alte Brauerei
Mertingen**
www.alte-brauerei-mertingen.de
Gastgeber: Franz Nosalski
Hilaria-Lechner-Straße 21
86690 Mertingen
Telefon: 09078 912320

SEITE / GASTHÄUSER

OBERPFALZ

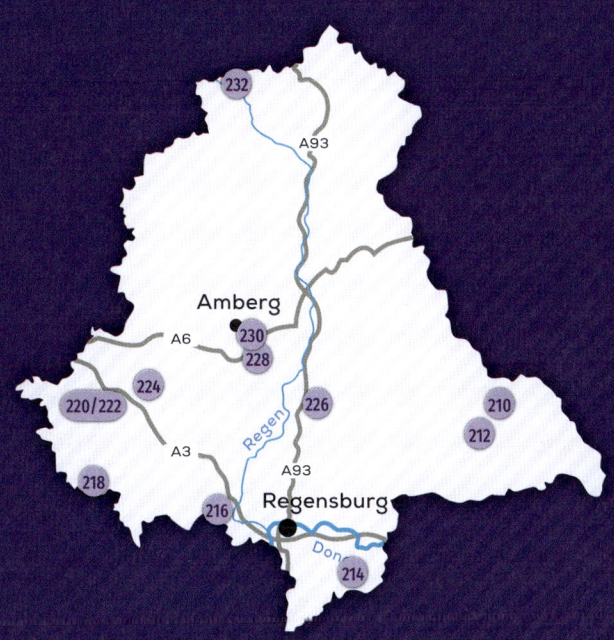

Natur- und Wohlfühlhotel
BRUNNER HOF

◆ Idyllisch in der Further Senke im Bayerischen Wald gelegen, ist der Besuch des Brunner Hofs eine kleine Flucht aus dem hektischen Alltag. Ein Spaziergang durch die gepflegten Gartenanlagen sorgt für den rechten Appetit auf die frisch servierten, heimischen Schmankerl. Als Mitglied des Vereins „Landgenuss Bayerwald", einem Zusammenschluss qualitätsorientierter Gastronomen und Landwirte im Landkreis Cham, liegt Gastgeber Andreas Brunner und seinem Team die Verwendung heimischer Zutaten besonders am Herzen. Kräuter liefert der große Garten hinter dem Haus und die eigene Landmetzgerei steuert die Fleisch- und Wurstspezialitäten zu den Gerichten bei. Auf der gutbürgerlich-gehobenen Karte treffen bayerische Klassiker auf so manche kulinarische Innovation wie etwa dem gegrillten Angus-Rinderlendensteak mit Gremolatakruste, gemischten Salaten vom Gemüsebauern, Holunderblütendressing und Baguette. Der Montagabend gehört aber wöchentlich dem Schlachtschüsselessen. Jeden zweiten Freitag im Monat spielen beim „Musikantenstadel" zudem Musiker, Gstanzlsänger und Humoristen zünftig auf.

Das altbayerische „Saunadörf'l" lädt alle Hotelgäste zum „Gut schwitz": Fünf verschiedene Saunen auf 850 Quadratmeter sorgen für Hitzewallungen der angenehmsten Art.

LAGE

Oberpfalz
Arnschwang

BEWERTUNG

◆ ◆ ◆

BESONDERHEITEN

KONTAKT

**Natur- und Wohlfühlhotel
Brunner Hof**
www.brunner-hof.de
Gastgeber: Andreas Brunner
Kirchgasse 13
93473 Arnschwang
Telefon: 09977 257

Gasthaus
ÖDENTURM

◆ Wunderbar gelegen am Fuße des Lambergs, der das Regental überblickt, ist das Gasthaus Ödenturm in Chammünster. Die malerische Nachbarschaft zur Burgruine Chameregg, auch Ödenturm genannt, hat dem Gasthaus zu seinem Namen verholfen. Familie Hunger kümmert sich hinter und vor den Kulissen um die Geschicke im Gasthaus. Kulinarisch hat sich der Ödenturm den gehobenen bürgerlichen Klassikern verschrieben, die aber als Kalbsschnitzel mit Taleggio und Serrano-Schinken gefüllt oder als Entenbruststreifen in afrikanischem Gewürzöl unterstreichen, dass internationale Einflüsse mit der Oberpfälzer Küche bestens harmonieren. Einen besonderen Blick verdienen die Spezial-karten mit wöchentlich wechselndem Angebot. Saisonal mit Spar-gel oder Pfifferlingen verfeinert, findet man hier Gaumenfreuden, deren regionale Herkunft auch für ihre Qualität spricht. Für den Gast jederzeit nachlesbar, kommen die rosa gebratenen Bio-Lammnüsschen vom Bauer Gleixner aus Rötz und das Dreier-lei vom Landschwein aus Freilandhaltung vom Chammünsterer Betrieb Franz Wutz.

Ausflugsziele rund um den Gasthof: die Drachenstich-Festspiele im August, Wallfahrtskirche Neukirchen beim Heiligen Blut oder das Konzerthaus Blaibach.

LAGE

Oberpfalz
Chammunster

BESONDERHEITEN

BEWERTUNG

◆ ◆ ◆

KONTAKT

Gasthaus Ödenturm
www.oedenturm.de
Gastgeber: Familie Hunger
Am Ödenturm 11
93413 Chammünster
Telefon: 09971 89270

Gasthaus
ZUM GOLDENEN KRUG

◆ Seit 2016 besitzt Sengkofen bei Mintraching einen Genuss-tempel mehr. Mit Peter Grasmeier und Benjamin Staudigl ist die Spitzenküche ins Gasthaus Zum Goldenen Krug eingezogen. Jahrelange Expertise in internationalen Spitzenküchen in Kombi-nation mit hochwertigen Produkten aus der Umgebung gipfelt in einer anspruchsvollen regionalen Küche mit mediterraner Aus-richtung. Die Tageskarte sorgt mit der gepökelten Eisbeinterrine, dem geflämmten Ziegenkäsemousse oder dem Zweierlei vom Wildschwein aus heimischer Jagd für Highlights an einem gewöhnlichen Tag. Für besondere Momente sorgen auch die fei-nen Menüs, die unter dem Thema „nah und fern", „Herbst" und „Heimat" Gaumenfreuden liefern, die in der gemütlichen Atmo-sphäre des mehr als hundertjährigen Gasthauses bestens zur Wir-kung kommen. Dass Köche jedoch auch wunderbare Desserts zau-bern können, beweist das gelierte Quittensüppchen mit Honig-Milch-Sorbet, Maronen und karamellisierten Strudel-blättern.

Ganz traditionell wird jeden Sonntag Krustenbraten vom Spanferkel aufgetischt.

LAGE

Oberpfalz
Sengkofen

BEWERTUNG

◆◆◆

BESONDERHEITEN

KONTAKT

Gasthaus Zum Goldenen Krug
www.zum-goldenen-krug.de
Gastgeber: Peter Grasmeier und
Benedikt Staudigl
Brunnenstraße 6
93098 Sengkofen
Telefon: 09406 2855811

Gasthof
ZUR POST

◆ Im Stadtkern von Hohenschambach steht eine familiär geführte Gaststätte, die die bayerische Wirtshaustradition wieder hochleben lässt. Im Gasthof Zur Post sitzen die Herren vom Stammtisch bei ihrer Maß, während die Schamerer Fußballer das letzte Spiel besprechen. Für die kulinarische Begleitung zum Bier von der Brauerei Riemhofer sorgt Familie Tischler mit bodenständiger bayerischer Küche. Bettina und Robert Tischler haben es sich zur Aufgabe gemacht, die alten Rezepte zeitgemäß zu interpretieren. Wert legt man dabei auf unverfälschten Genuss, der komplett ohne künstliche Zusatzstoffe auskommt. Viele Produkte stammen aus der Oberpfalz: Wild stammt aus Tangrintler Jagdgebieten, Lamm von der Schäferei Rebitzer in Hemau und Ochsenfleisch liefert der Bauer Haiker aus Effenricht. Daraus entstehen in der Post schmackhafte Gerichte wie das Rehschnitzel im Kürbis-Kern-Mantel mit Kartoffel-Feldsalat oder die „Grupfte Wildsau" mit Barbecue-Soße, Salat und Zwiebel. Zünftige Bratengerichte zelebrieren zudem die Sonntagsküche.

Der Biergarten der Post liegt geschützt im weitläufigen Hof und lädt dazu ein, das bayerische Lebensgefühl hautnah zu erleben.

LAGE

Oberpfalz
Hohenschambach

KONTAKT

Gasthof Zur Post
www.posthalter-schama.de
Gastgeber: Bettina und
Robert Tischler
Hochstraße 15
93155 Hohenschambach
Telefon: 09491 654

BEWERTUNG

◆

BESONDERHEITEN

Hotel
GEWÜRZMÜHLE

◆ Die Mauern des Hotels Gewürzmühle atmen Geschichte – und das seit 350 Jahren. 1993 erwarb Familie Salzer die historische Mühle – eine perfekte Paarung, denn in der Familie hat das Handwerk der Kirchenmaler und Restauratoren Tradition. Die Speisekarte des Restaurants punktet mit einer reduzierten Auswahl und modern interpretierten Gerichten. Die frischen Zutaten stammen aus ökologischer, vorwiegend regionaler Produktion: Bachsaiblinge und Forellen bezieht das Hotel vom nahen Richterhof, Juradistl-Lämmer liefern oberpfälzische Schäfer. Beachtung verdienen die „Schmankerl-Menüs": Tatar von geräucherter Entenbrust mit Kartoffelkuchen und Orangenkaviar, danach Doradenfilet im Ratatouillemantel mit Maiscreme und Shiso-Mayonnaise und zum Abschluss Sanddornparfait mit Karotten mousse und Praline aus edler Bourbonvanilleschokolade: Die Gewürzmühlköche trumpfen groß auf. Auch sonst wird die Gewürzmühle den saisonalen Schätzen heimischer Felder und Wälder mehr als gerecht. Beliebt ist übrigens das „Menü für 2": ein romantisches und erlesenes 4-Gänge-Candlelight-Dinner.

Für angehende Jäger und Jägerinnen bietet die Jagd- und Naturakademie Habsberg in der Gewürzmühle zweiwöchige Vorbereitungskurse für die Jägerprüfung.

LAGE

Oberpfalz
Berching

BEWERTUNG

BESONDERHEITEN

KONTAKT

Hotel Gewürzmühle
www.gewuerzmuehle-berching.de
Gastgeber: Roman und Franz Salzer
Gredinger Straße 2
92334 Berching
Telefon: 08462 200050

Metzgerei - Hotel - Gasthof

WITTMANN

◆ Eines steht fest: Im Gasthof Wittmann in Neumarkt in der Oberpfalz ist die Weißwurst keinem wurst. Vor allem Norbert Wittmann nicht, seines Zeichen Koch, Metzgermeister und Fleischsommelier, der der urbayerischen Spezialität in der Weißwurstakademie zur Perfektion verhilft. Gastlichkeit aus Tradition mit Respekt vor den Lebensmitteln setzt die Wirtsfamilie in ihrem Gasthof mit strikt nachhaltigem Wirtschaften um. Auch die Metzgerei arbeitet absolut gentechnikfrei, dieser hohe Standard wird auch von allen Zulieferern mitgetragen. Die regionalen Zutaten werden in Gerichte der gutbürgerlichen Oberpfälzer Küche verwandelt. Von der Leberknödelsuppe geht es über das Krusten-Schäuferl vom Schwäbisch-Hällischen Landschwein oder dem Böfflamott, einem Rinderschmorgericht in süß-säuerlicher Rotweinsoße, zu „Wittmanns Patisserie". Die Weißwurst wird unter der Woche übrigens zweimal täglich kesselfrisch serviert. Und wer nicht genug von ihr bekommt, kann sie auch als Suppe, Carpaccio, Gröstl, sauer im Wurzelsud oder als Schnitzel probieren. Alles Wissenswerte rund um die berühmte Wurst finden alle Interessierte zudem im angrenzenden Weißwurstmuseum.

Wer ein Seminar in der hauseigenen Weißwurstakademie besucht, wird mit einem Diplom und selbst hergestellten Würsten belohnt.

LAGE

Oberpfalz
Neumarkt

BEWERTUNG

BESONDERHEITEN

KONTAKT

Metzgerei – Hotel – Gasthof Wittmann
www.hotel-wittmann.de
Gastgeber: Familie Wittmann
Bahnhofstraße 21
92318 Neumarkt
Telefon: 09181 907426

Landgasthaus
ALMHOF

◆ Das Landgasthaus Almhof war als einstiges Lehrgut vor langer Zeit Treffpunkt für wissbegierige Landwirte, bevor das Gebäude Mitte der 1920er Jahre zu einem Gasthof umgebaut wurde. Seit 1992 führt Familie Lukas nun die Geschicke im und um das Landgasthaus. Küchenmeister Georg Lukas folgt mit seiner Kunst einer einfachen, überzeugenden Philosophie: „frisch und ehrlich". Alles ist hausgemacht oder kommt aus dem Wald, von der Wiese oder dem nahen landwirtschaftlichen Hof direkt in die Küche. Aus dieser hervorragenden Naturküche entspringen herzhafte Gaumenschmeichler wie der Zwiebelrostbraten vom Juradistl-Weiderind oder das Schweinefilet in Mohnpanade. Jedes Jahr locken zudem die herbstlichen Schmankerlwochen mit überraschenden Themen wie etwa „Zirkus". Allen Freunden des bayerischen Nationalgetränks seien die ökologischen Bierspezialitäten der Lammsbrauerei zu empfehlen: Das Hollerradler, ein Helles mit einem Schuss Holunderblütenlimonade, überzeugt als sommerliche Erfrischung, während sich Experimentierfreudige beim Dinkelbier auf Aromen von Bananen oder Nüssen freuen dürfen.

Georg Lukas ist seit mehr als zehn Jahren TV-Koch bei „In TV": Ein Besuch seiner Kochschule lohnt sich!

LAGE

Oberpfalz
Neumarkt

BEWERTUNG

◆ ◆ ◆

BESONDERHEITEN

KONTAKT

Landgasthaus Almhof
www.landgasthaus-almhof.de
Gastgeber: Georg Lukas
Am Höhenberg 5
92318 Neumarkt
Telefon: 09181 32584

Landgasthof
MEIER

◆ Uriger, geradezu nostalgischer Charme und innovative Moderne – der Landgasthof Meier in Hilzhofen weckt mit seinen dicken Mauern und der unvergleichlichen Lage inmitten der Natur bei so manchem Gast das Gefühl, auf angenehmste Weise aus der Zeit gefallen zu sein. Pfiffig zur Moderne übergeleitet wird mit den stilvoll eingerichteten Gaststuben und der kreativen Kochkultur von Küchenchef Michael Meier III. Er kreiert Gerichte, die aus ihrer Verwurzelung in der oberpfälzischen Küche heraus immer wieder neu variierte Geschmacksblüten treiben. Bodenständige Gerichte werden so zu etwas ganz Besonderem, was das Tagliata vom Jungrindfilet mit Zitronenpfeffer und hausgemachten Gartenkoriander-Basilikum-Pesto beweist. Sprichwörtlich auf der Zunge zergehen die Schmorbraten, die ganze zwölf Stunden auf Niedrigtemperatur gegart werden. Die Wirtsfamilie Meier setzt bei ihren Zutaten ganz auf die Region, vieles wird sogar direkt vor der Haustür im eigenen Kräuter- und Gemüsegarten geerntet. Die eigene Metzgerei liefert Fleisch und Wurstwaren. Alles andere kommt von benachbarten Höfen, wie dem Klostergut Plankstetten mit seinen Bio-Landschweinen.

Ob das „Heli Dinner" oder der „Kuchatisch": Aus einem simplen Abendessen macht der Landgasthof ein unvergessliches Erlebnis.

LAGE

Oberpfalz
Hilzhofen

BEWERTUNG

◆◆◆

BESONDERHEITEN

KONTAKT

Landgasthof Meier
www.landgasthof-meier.de
Gastgeber: Claudia und
Michael Meier
Hilzhofen 18
92367 Hilzhofen
Telefon: 09186 237

Hotel Gasthof

FENZL

◆ Mitten im Oberpfälzer Seenland liegt der Gasthof Fenzl, der aufgrund seiner Nähe zum Steinberger See ideales Ausflugsziel für Erholungssuchende und aktive Wassersportler ist. Familie Fenzl liegt das Wohlergehen ihrer Gäste bereits seit vier Generationen am Herzen und das ist vor allem am freundlichen Service und der gleichbleibend guten Küche zu spüren. Kulinarisch werden Besucher mit bayerischen und internationalen Klassikern verwöhnt. Zwiebelrostbraten, argentinische Ochsenlende mit geschrotetem Pfeffer und Speckbohnen oder das Rumpsteak „russisch", mit Wodka flambiert und an Senf-Sahne-Soße serviert – in der Küche geht es herzhaft zu. Wechselnde saisonale Themenkarten wie die Spargel-, Steak- oder Wildwochen bringen Abwechslung auf den Teller. Auf der neu gestalteten, großen Sonnenterrasse kann man den Abend mit einer zünftigen Brotzeit ausklingen lassen: Probieren sollte man unbedingt die hausgemachte Sülze. In der traditionellen Wirtsstube mit Rundbogenfenster und hölzerner Sitzecke versüßt das Bier der Familienbrauerei Jacob den Feierabend in geselliger Runde.

Wer das Oberpfälzer Seenland von einer anderen Seite erleben will: Bootswandern auf den Flüssen Naab oder Regen.

LAGE

Oberpfalz
Steinberg am See

BEWERTUNG

BESONDERHEITEN

KONTAKT

Hotel Gasthof Fenzl
www.hotelgasthof-fenzl.de
Gastgeber: Ronnie Fenzl
Nittenauer Straße 7
92449 Steinberg am See
Telefon: 09431 50326

Landgasthof
ZUM BÄRENWIRT

◆ Idyllisch im Vilstal gelegen, kann der Landgasthof Zum Bärenwirt auf eine reiche Geschichte zurückblicken, denn bereits seit
1770 wurden hier Gäste aus nah und fern bewirtet. Heute führt
Susanne Richthammer gemeinsam mit ihrer Familie das traditionsreiche Wirtshaus mit viel Engagement und Liebe. Die Küche
bietet etwas für jeden Geschmack: Gutbürgerliche Klassiker gesellen sich zu bayerischen Schmankerln und modernen Gerichten.
Nach „Gaumendratzerln" wie dem Kabeljau im Speckmantel mit
Zwetschgen sorgen deftige Bratenschmankerl für den richtigen
Fleischgenuss. Vegetarier freuen sich hingegen über „g'schmolzne
Erdapfeltascherl" auf Spargelragout. Die feinen Dessertkreationen werden mit Spaß am Verzaubern zubereitet – eine Sünde
wert ist der Schokoladenkuchen mit Rhabarber und Vanilleschaum. Für gesellige Abende unter Freunden ist die gemütliche
Wirtsstube ideal und der helle, mit viel Naturholz ausgestattete
Saal bietet genügend Platz für rauschende Feste. Vier moderni-
sierte Zimmer laden außerdem zum Übernachten ein.

Tipp: „Wurschtsuppnfoahrn": alter bayerischer Brauch zum
Schlachtschüsselessen – urig und gesellig, nicht verpassen!

LAGE

Oberpfalz
Rieden

BEWERTUNG

BESONDERHEITEN

KONTAKT

Landgasthof Zum Bärenwirt
www.zum-baerenwirt.de
Gastgeber: Susanne
Richthammer
Hauptstraße 9
92286 Rieden
Telefon: 09624 2888

Hotel Gasthof
ZUR POST

◆ Hinter den gelb getünchten Mauern des behaglichen Gasthofs zur Post im oberpfälzischen Kümmersbruck lässt es sich wunderbar schlemmen. Schon seit 150 Jahren wird das Gebäude als Wirtschaft genutzt und den Gästen von damals hätten wohl auch die Gerichte von heute zugesagt. Gastgeber Heike Schillbach und Hauke Peters stehen für nachhaltige, regionale Küche. Neben bodenständigen Gerichten wie Schweine- und Sauerbraten sorgt die Kreativität von Koch Hauke Peters auch für ausgefallenere Gerichte, wie etwa dem Garnelen-Saltimbocca mit malaysischen Linsen und Erbsencreme oder den geflämmten Bio-Ziegenkäse mit Oliventapenade und Birnencoulis. Jedes Wochenende während der Biergartensaison haben zudem die selbst geräucherten Spareribs oder der Pulled-Pork-Burger ihren großen Auftritt. Die Lebensmittel für einfache wie aufwendigere Gerichte bezieht die Post von regionalen Zulieferern: Wurstwaren kommen von der Metzgerei Kopf in Heimhof und die Fischzucht Götz in Amberg-Raigering liefert frische Forellen und Saiblinge.

Von April bis Oktober öffnet der Biergarten: Die eigene „Schmankerl-Hütte" liefert dann leckere Grill- und Brotzeiten-Spezialitäten zum Paulaner-Bier.

LAGE

Oberpfalz
Kümmersbruck

BEWERTUNG

◆

BESONDERHEITEN

KONTAKT

Hotel Gasthof zur Post
www.hotel-zur-post-
kuemmersbruck.de
Gastgeber: Heike Schillbach
Vilstalstraße 82
92245 Kümmersbruck
Telefon: 09621 7886464

Gasthof Pension
WALDFRIEDEN

◆ Die wunderschöne Landschaft des Fichtelgebirges, im Sommer mit sattgrünen Wiesen gefleckt, im Winter von Schnee verzaubert, beheimatet ein kleines Familienunternehmen, in der Familie Pöllath dafür sorgt, dass sich Gäste rundum wohlfühlen. „Genießen und erleben inmitten der Natur" lautet das Motto der Wirte, das in Verbindung mit der regionalen Küche des Gasthofs voll und ganz erfüllt wird. Das Thema Wildkräuter zieht sich durch die abwechslungsreiche Speisekarte, immerhin sind die beiden Frauen im Haus, Edda und Julia Pöllath, zertifizierte Wildkräuter-Köchinnen. Getrocknet oder frisch gepflückt, kommen die Kräuter aus der Umgebung äußerst schmackhaft in Salaten, Suppen, Soßen oder Beilagen zum Einsatz. Hausgemachte Brennnesselnudeln zählen zu den Spezialitäten des Hauses. Auch das Karpfenfilet freut sich über die Kräuterbegleitung in Form einer Fichtenspitzen-Senf-Soße. Für alle Naschkatzen gibt es süße Leckereien wie den Gänseblümchen-Käsekuchen oder das Waldmeister-Eis.

Für die kleinen Gäste gibt es im Garten ein Spielhaus zum Toben.

LAGE

Oberpfalz
Brand

BEWERTUNG

◆

BESONDERHEITEN

KONTAKT

Gasthof Pension Waldfrieden
www.gasthof-pension-waldfrieden.de
Gastgeber: Edda Pöllath
Schneebergweg 7
95682 Brand
Telefon: 09236 376

SEITE / GASTHÄUSER

A3

Erlangen

254

Fürth

NÜRNBERG 250/252 248

Ansbach A6 244

246

242

236/238

240 Naab

Gasthof
BAYERISCHER HOF

◆ Im Herzen des Fränkischen Seenlandes liegt der Bayerische Hof, der in der Küche auf heimische Zutaten von regionalen Erzeugern setzt. Bauern, Metzger, Bäcker, Jäger und Fischer aus der Umgebung sowie die stadteigene Brauerei bilden mit ihren hochwertigen Produkten das kulinarische Fundament des Wirtshauses. Koch und Wirt Martin Scheuerlein variiert die Speisekarte saisonal und verleiht den heimischen Ingredienzen mittels Kreativität und Kräutern aus dem eigenen Garten einen neuen Geschmacksanstrich. Leberknödelsuppe oder die hausgemachten „Schweinereien", die in Gestalt der fränkischen oder der gesülzten Bratwürste oder als Brotzeitplatte gereicht werden, gibt es vorab. Die passende flüssige Begleitung findet sich im Spalter Bier, das den Koch nicht nur zum wechselnden Biermenü inspiriert hat, sondern auch das Malz für die Braumalzkruste des Albrecht-Achilles-Schnitzels liefert, Schweinerückenschnitzel mit Wachtelei, Bratkartoffeln und Lauch, das auf der Speisekarte längst kein Geheimtipp mehr ist.

Für daheim können selbstgemachte Wurst- und Schinkenwaren, Gewürzsalz, Hopfenbadesalz und Marmeladen erworben werden.

LAGE

Mittelfranken
Spalt

BEWERTUNG

♦ ♦ ♦

BESONDERHEITEN

KONTAKT

Gasthof Bayerischer Hof
www.bayerischer-hof-spalt.eu
Gastgeber: Heidi und Martin
Scheuerlein
Albrecht-Achilles-Straße 2
91174 Spalt
Telefon: 09175 79600

Gasthof
HOFFMANNS-KELLER

◆ „Fränkische Geschmacksküche" ist ein Begriff, den man nach einem Besuch im Hoffmanns-Keller in Spalt sicherlich im Gedächtnis behalten wird. In der Küche spielt sich das junge Gastgeberpaar Andrea Reisinger-Hoffmann und Wolfgang Reisinger gegenseitig den Ball zu: Der kulinarische Spagat zwischen fränkischen Klassikern und kreativen Neuinterpretationen gelingt mit dem „Mühlviertler Zwiebelrostbraten" mit eingelegten Schalotten, selbst gebackenem Blunzenbrot und Rahmgurken problemlos. Kein Wunder: Immerhin haben beide in Sterneküchen im Ausland gelernt. Dass da auch das Damwild-Carpaccio mit Haselnuss-Kräuter-Pesto und Holunder-Kapern auf dem Teller perfekt in Szene gesetzt wird, ist im Hoffmanns-Keller eine Selbstverständlichkeit. Überhaupt wird hier viel selbst produziert. Salat, Gemüse und Kräuter kommen direkt aus dem Garten und Wildfleisch liefert das hauseigene Gehege. Zum Nachtisch sollten die selbst kreierten Bierpralinen verköstigt werden, die beste belgische Schokolade mit karamellisiertem Treber oder geröstetem Malz kombinieren.

Wissenswert: Die Stadtbrauerei Spalt ist die einzige kommunale Brauerei Deutschlands und gehört den 5.000 Einwohnern im Ort.

LAGE

Mittelfranken
Spalt

KONTAKT

Gasthof Hoffmanns-Keller
www.hoffmanns-keller.de
Gastgeber: Andrea Reisinger-
Hoffmann und Wolfgang Rei-
singer
Windsbacher Straße 21
91174 Spalt
Telefon: 09175 857

BEWERTUNG

◆ ◆

BESONDERHEITEN

Land-gut-Hotel
ADLERBRÄU

◆ Mitten im fränkischen Seenland, in Gunzenhausen, sorgt das Landgut Adlerbräu schon seit 150 Jahren für zufriedene Gäste aus dem In- und Ausland. Gastgeberfamilie Müller hat sich der deutsch-fränkischen Küche verschrieben. Regionale Klassiker werden mit internationalen Einflüssen gekonnt gepaart. Einen gesonderten Blick verdient der kulinarische Kalender. Seit mehr als 25 Jahren wird dem Oktober mit speziellen Gerichten die richtige Schärfe verliehen: Lachs-Meerrettich-Gratin mit Kartoffeln oder die Sturzcreme mit Wasabi an roter Grütze sollten nicht unterschätzt werden. Auch sonst ist der kulinarische Kalender im Adlerbräu eine wahre Entdeckungsreise. Die Nostalgiewochen locken mit „Bamberger Bierzwiebel" oder „Rindsroulade Großmutter Art" an Kartoffelpüree und Erbsen. Dass saisonale Köstlichkeiten wie Wild, Spargel, Pilze, Karpfen oder Lamm ebenfalls auf der Speisekarte stehen, versteht sich von selbst. In drei gemütlichen Stuben lässt es sich zudem ebenso gemütlich essen wie tagen oder feiern.

Für erholsamen Schlaf sorgen die 57 modernisierten Zimmer des Hotels, während der moderne Saunabereich im Dachgeschoss sowie ein umfangreiches Massageangebot Entspannung versprechen.

LAGE

Mittelfranken
Gunzenhausen

BEWERTUNG

◆ ◆

BESONDERHEITEN

KONTAKT

Land-gut-Hotel Adlerbräu
www.hotel-adlerbraeu.de
Gastgeber: Gerhard Müller
Marktplatz 10/12
91710 Gunzenhausen
Telefon: 09831 88670

Hotel Restaurant
ANNA

◆ In der Gemeinde Schnelldorf im Naturpark Frankenhöhe hat die Moderne auf angenehmste Art Einzug gehalten: Im Hotel und Restaurant Anna trifft elegantes Wohlfühlambiente auf eine feine und erlesene Küche. Ob im Restaurant oder im Hotel, der Leitspruch „Ankommen, entspannen, Ruhe genießen" wird in gastgeberischer Perfektion umgesetzt. Kulinarisch bewegt man sich zwischen regionalen und internationalen Köstlichkeiten mit mediterraner Präferenz, wobei in der Küche ausschließlich heimisch produzierte Zutaten Verwendung finden. Frische und höchste Qualität sind bei der Produktauswahl selbstverständlich. Während Wildschnitzel in Mandelpanade mit Kartoffeltürmchen den großen Hunger stillt, eignen sich die handgemachten Pralinen für den süßen Genuss zwischendurch. Themenwochen zu saisonalen Spezialitäten wie Spargel, Rhabarber oder Bärlauch bringen Abwechslung auf die Speisekarte. Wer die Entspannung im schönen Hotelbereich vorzieht, besucht die kleine Wellnessoase oder die Kamin-Lounge mit dem Charme und dem Flair einer Bibliothek.

Das Hotel beteiligt sich bei der Charity-Aktivität „Share one meal": Mit den Spenden wird die Verpflegung afrikanischer Schulkinder sichergestellt.

LAGE

Mittelfranken
Schnelldorf

BEWERTUNG

◆ ◆ ◆

BESONDERHEITEN

KONTAKT

Hotel Restaurant Anna
www.hr-anna.de
Gastgeber: Hedwig Miller-Kneer
Am Birkenberg 1
91625 Schnelldorf
Telefon: 07950 80055-0

Gasthaus
GARTENLAUBE

◆ So idyllisch wie man sich eine Gartenlaube vorstellt, so ist es auch im Gasthaus Gartenlaube in Schwabach, das zentral gelegen hungrige Touristen mit fränkisch-regionalen Genüssen ebenso sättigt wie alteingesessene Mittelfranken. Wirt Albert Porlein zaubert in der Küche aber auch international inspirierte Gerichte. Die Speisekarte wird saisonal angepasst und präsentiert alle Wald-, Feld- und Wiesenköstlichkeiten im rechten Licht. Vom Spargelsalat mit Räucherlachs und Rührei über den bunten Sommersalat mit Rinderfiletwürfeln und Parmaschinkenchips zum „Irish Stew", einem Lammeintopf mit Weißkraut, Karotten, Kartoffeln und Zwiebeln: Der Gastgeber greift auch für die international angehauchten Gerichte stets auf heimische Zutaten zurück. Die skandinavische Kocherfahrung des Küchenchefs sorgt zudem für leckere Fischgerichte: Besonders beliebt sind der Fischeintopf, Lachsvariationen mit selbst gebeiztem Lachs oder das Duo von Lachs und Zander auf Blattspinat. Auf fränkische Klassiker wie Karpfen, Schäufele und Krustenbraten muss natürlich trotzdem niemand verzichten.

Am Montag sorgen diverse Schnitzelvariationen für einen guten Start in die Woche.

LAGE

Mittelfranken
Schwabach

BEWERTUNG

◆

BESONDERHEITEN

KONTAKT

Gasthaus Gartenlaube
www.gasthaus-gartenlaube.de
Gastgeber: Albert Porlein
Rittersbacher Straße 1
91126 Schwabach
Telefon: 09122 8722553

Restaurant & Hotel

DER SCHWAN

◆ Dass der Gasthof „Der Schwan" in Schwanstetten im Dreißig-
jährigen Krieg vom Oberbefehlshaber Wallenstein beinahe bis auf
die Grundmauern niedergebrannt wurde, lässt sich der imposante
Fachwerkbau mit angrenzendem Brauhaus heute nicht mehr
anmerken. In den vier Gaststuben tragen modern-regionale
Gerichte umgeben von jahrhundertealten Holzbalken in Wand
und Decke und originalen Malereien zur „Entschleunigung vom
Alltag" bei. Mediterran trumpft die Küche mit dem Tiramisu vom
hausgebeizten Lachs im Salatkranz oder dem Ziegenkäseflan auf
mariniertem Ananas-Carpaccio auf. Bei den Hauptspeisen sind
der „Schwan-Burger" mit Pulled Pork vom Schweinebraten im
selbst gebackenen Kartoffel-Bun mit Kloß-Fritten oder das mit
Obatzda und Bauernschinken gefüllte Cordon bleu ein Muss für
Fleischgenießer. Die Wertschätzung gegenüber den regionalen
Erzeugern zeigt sich bei Gastgeberin Sylvia Lehmann und
Küchenchef Walter Berger vor allem in der behutsamen Verwer-
tung der Zutaten aus dem Nürnberger Umland. Nach einer erholsamen Nacht in einem der zwanzig Themenzimmer sorgen hausgemachte Marmeladen und Gebäck für einen genüsslichen Start
in den Tag.

Im Biergarten sollte – umrahmt von wildem Wein und Fachwerkmauern –
der hausgemachte „Eistee-Secco" probiert werden.

LAGE

Mittelfranken
Schwanstetten

KONTAKT

**Restaurant & Hotel
Der Schwan**
www.hotel-der-schwan.de
Gastgeber: Sylvia Lehmann
Am Marktplatz 7
90596 Schwanstetten
Telefon: 09170 1052

BEWERTUNG

BESONDERHEITEN

247

Landgasthof
SÖRGEL

◆ In Lieritzhofen, einer kleinen Ortschaft in der hügeligen und von mehreren Flußtälern durchzogenen Mittelgebirgslandschaft Nürnberger Land, sorgt der Landgasthof Sörgel für Genussmomente der besonderen Art. Hinter dem schlichten Motto „ganz einfach … einfach anders" verbirgt sich mehr, als man zunächst annimmt: Das Küchenteam um die beiden Brüder Bernd und Sven Sörgel hebt die traditionelle fränkische Küche auf internationales, modernes Niveau. Geschmortes Ochsenbäckchen mit Kürbispüree, Babymöhren und Kornapfel oder Wildschweinfilet mit Aromen von Pistazie und Quitte zeigen, dass die Gaststätte die achtmalige Auszeichnung mit dem 1. Platz des Gastronomiepreises Franken nicht zu Unrecht trägt. Nahezu alle Produkte für die feine Küche bezieht der Landgasthof aus der Umgebung. Schweine liefern Bauernhöfe aus der Region, die das Programm „Offene Stalltür" umsetzen. Anschließend werden die Tiere in der hauseigenen Metzgerei geschlachtet und verarbeitet. Wild stammt aus heimischer Jagd und frische Eier steuert das hauseigene Hühnergehege bei.

Diverse hausgemachte Wurstprodukte gibt es in Konserven auch zum Mitnehmen nach Hause.

LAGE

Mittelfranken
Alfeld

KONTAKT

Landgasthof Sörgel
www.landgasthof-soergel.de
Gastgeber: Reinhard Sörgel
Lieritzhofen 25
91236 Alfeld
Telefon: 09157 256

BEWERTUNG

BESONDERHEITEN

BRATWURST RÖSLEIN

◆ Dort, wo einst Albrecht Dürer seine Nürnberger Rostbrat-
wurst genossen hat, finden heute in und vor dem Bratwurst Röslein bis zu 850 Gäste Platz. Damit ist das Gasthaus im Herzen der
Nürnberger Altstadt das größte Bratwurstrestaurant der Welt.
Familie Förster führt das Bratwurst Röslein in fränkisch-
urgemütlicher Wirtshaustradition. Auf der Speisekarte ist der
Name Gesetz: Serviert wird die Nürnberger Spezialität auf dem
traditionellen Zinnteller an frischem Fasskraut, warmem
Kartoffelsalat, geriebenem Meerrettich und Holzofenbrot. Während das Schäufele mit Tucher-Biersoße, Kartoffelkloß und selbst
gemachtem Apfelblaukraut auf den Tisch kommt, wird der Sauerbraten mit einer Lebkuchensoße veredelt. Und wie es sich für ein
fränkisches Gasthaus gehört, wird von September bis April geba-
ckener Karpfen aufgetischt. Die Zutaten für die fränkisch-
bayerischen Klassiker kommen von heimischen Erzeugern. Stroh-
schweine von Berchinger Bauernhöfen und Rinder aus der
Angusmanufaktur in Schrozberg liefern das Fleisch für Würste
und Co., während das Nürnberger Knoblauchsland für Obst und
Gemüse verantwortlich ist.

Wer von den Nürnberger Rostbratwürsten nicht genug bekommt,
kann sich im Online-Shop mit diversen Varianten eindecken.

LAGE

Mittelfranken
Nürnberg

BEWERTUNG

◆ ◆ ◆

BESONDERHEITEN

KONTAKT

Bratwurst Röslein
www.bratwurst-roeslein.de
Gastgeber: Familie Förster
Rathausplatz 6
90403 Nürnberg
Telefon: 0911 214860

GUTMANN AM DUTZENDTEICH

◆ Im Sommer, nach einer unterhaltsamen Tretbootrunde auf dem Dutzendteich, oder im Winter, nach einer sportlichen Schlittschuhpartie, lädt das am Ufer gelegene „Gutmann" zur Verschnaufpause ein. Gastgeber Florian Brendel sorgt unter dem Motto „fränkische Gerichte modern interpretiert und moderne Gerichte fränkisch interpretiert" für viel Abwechslung auf der Speisekarte. Frische knackige Salate, wechselnde Tagessuppen und Saisongerichte lassen keine Wünsche offen und zelebrieren den kulinarischen Kalender. Weißwürste gibt es hier traditionell nur bis zum Zwölf-Uhr-Läuten und die als „Blaue Zipfel" bekannten fränkischen Würste sind im Gutmann rot – was am Beerenweinsud liegt– eine Spezialität, die man unbedingt probieren sollte. Hochwertige Grundprodukte, Regionalität und Frische sind in der Küche das A und O. Gäste können es sich im Außenbereich in bequemen Liegestühlen unter Palmen gemütlich machen oder die regelmäßigen Veranstaltungen besuchen, die Krimispannung, Magie und Humor mit fränkischen Genüssen kombinieren.

Im Saal der Traditionsgaststätte hat sich mit der „Volksbühne Wanner" eine gutbesuchte Kleinkunstbühne etabliert.

LAGE

Mittelfranken
Nürnberg

BEWERTUNG

BESONDERHEITEN

KONTAKT

Gutmann am Dutzendteich
www.gutmann-am-dutzendteich.de
Gastgeber: Florian Brendel
Bayernstraße 150
90478 Nürnberg
Telefon: 0911 988187710

Landgasthof
KRONE

◆ Dass die Erlanger Wirtsfamilie Schäfer für ihren Landgasthof Krone lebt, ist nach einem kurzen Blick in die Historie des alten Klinkerhauses klar: Nur ein Jahr, nachdem die Krone 2003 ausgebrannt war, wurde sie wieder aufgebaut. Inhaber und Juniorwirt Horst Schäfer verantwortet heute das neu errichtete Gasthaus in Erlangen-Hüttendorf und zaubert in der Küche altbewährte, teils auch innovative fränkische Speisen, während sich die Seniorchefs Anita und Erwin immer noch persönlich um die Gäste kümmern. Zur Spezialität des Hauses gehören die Karpfen aus dem nahen Aischgrund. Bis zur Zubereitung schwimmen die Fische im hofeigenen Bassin. Freitags steht die klassische Schlachtschüssel mit hausgemachter Blut- und Leberwurst, Kesselfleisch und Schälrippchen auf der Karte – alles aus der hauseigenen Metzgerei, die den Gasthof auch mit den berühmten fränkischen Bratwürsten und den knusprigen „Schäuferle" versorgt. Die angeschlossene Landwirtschaft liefert darüber hinaus die benötigten Kartoffeln für diverse Beilagen. Am Wochenende werden zudem traditionelle fränkische Bratengerichte serviert.

Wer bei Geburstag, Hochzeit oder einer anderen Feier nichts dem Zufall überlassen möchte, ist beim spezialisierten Team der Krone in guten Händen.

LAGE

Mittelfranken
Huttendorf/Erlangen

BEWERTUNG

BESONDERHEITEN

KONTAKT

Landgasthof Krone
www.landgasthofkrone.de
Gastgeber: Erwin und
Horst Schäfer
Talblick 5
91056 Hüttendorf/Erlangen
Telefon: 0911 763152

SEITE / GASTHÄUSER

OBERFRANKEN

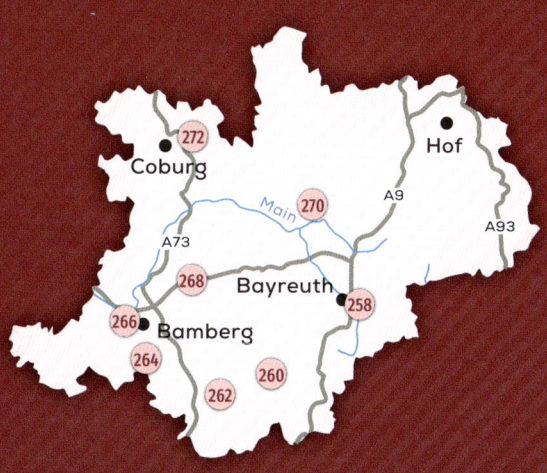

Coburg
272

Hof

Main
270

A9

A73

A93

268
Bayreuth
258

266
Bamberg

264

262
260

Hotel Restaurant
LOHMÜHLE

◆ Der einstigen Nutzung als Schneid-, Papier- und Lohmühle verdankt das heutige Hotel und Restaurant Lohmühle in Bayreuth seinen Namen. „Man sollte seine Gäste stets wie seine eigene Familie verwöhnen": Nach diesem Motto führt Familie Groh-Walter ihr Hotel und Restaurant. Und das merkt man – vor allem an den regionalen und internationalen Speisen, die in familiärer Runde serviert werden. Beste Qualität und absolute Frische der Lebensmittel sind dabei selbstverständlich. Süßwasserfische schwimmen bis zur Zubereitung im hauseigenen Bassin, bevor sie fangfrisch als Zanderfilet unter Senf-Dill-Kruste oder als Forelle blau auf den Tisch kommen. Klassisch fränkisch wird es mit dem Sauerbraten vom Tafelspitz an Lebkuchensoße, Apfelrotkraut und Bayreuther Klößen oder mit dem Schäuferla mit Schwarzbierjus. Mit Blick auf den rauschenden Mühlbach schmeckt es in den einladenden Gaststuben des Wirtshauses, in dem durch Hecken heimelig abgeschirmten Biergarten oder auf der Terrasse direkt am Wasser gleich doppelt so gut.

Romantik pur im Hotel Lohmühle: am besten im Anschluss an eine Schlössertour durchs schöne Oberfranken.

LAGE

Oberfranken
Bayreuth

BEWERTUNG

BESONDERHEITEN

KONTAKT

Hotel Restaurant Lohmühle
www.hotel-lohmuehle.de
Gastgeber: Martina Groh-Walter
Badstraße 37
95444 Bayreuth
Telefon: 0921 53060

Hotel

KRONE

◆ In direkter Nachbarschaft zur wunderschönen Wallfahrts-
basilika Zur Hl. Dreifaltigkeit in Gößweinstein befindet sich das
Hotel Krone, das seine Gäste nicht nur mit Geschichte und Flair
überzeugt. Auch kulinarisch ist die Krone einen Besuch wert.
Geführt von Dominika Brendel bietet das Gasthaus eine vielseitige Auswahl an Speisen mit deutlich fränkischem Einschlag.
Deftig geht es zu, wenn Leckereien wie der Fränkische Sauerbraten mit Apfelrotkohl und Kloß oder das Wallerfilet unter der
Meerrettichsahnekruste auf den Tisch kommen. Die Obstbrände
von Früchten aus dem eigenen Garten eignen sich danach als
Absacker besonders gut. Gelegentlich wird im alten Schlachthaus
noch „Zwetschgabamers" geräuchert. Diese fränkische Spezialität,
ein geschmackvoller Rinderschinken, wird auf Zwetschgen-Holz
geräuchert und passt hervorragend zu einer Brotzeit für den kleinen Hunger. Bekannt ist die Krone aber für ihre süßen Versuchungen: Verschieden gefüllte Windbeutel, Omas Blechkuchen
oder die beliebte „Wallfahrertorte" laden zur Auszeit ein.

Die Einkehr in der Krone lässt sich wunderbar mit einer Fahrt in der
„Dampfbahn Fränkische Schweiz" kombinieren: Reise-Feeling wie in
den 60er Jahren.

LAGE

Oberfranken
Gößweinstein

BEWERTUNG

BESONDERHEITEN

KONTAKT

Hotel Krone
www.krone-goessweinstein.de
Gastgeber: Dominika Brendel
Balthasar-Neumann-Straße 9
91327 Gößweinstein
Telefon: 09242 207

Gasthaus
SPONSEL

◆ Am Fuß des „Walberla", einem kleinen Berg in der Fränkischen Schweiz, befindet sich das Gasthaus Sponsel, das bereits in fünfter Generation von der namengebenden Familie im Einklang mit der Natur geführt wird. Leben und wirtschaften und dabei das Augenmerk auf die Umgebung legen – das war der Gastgeberfamilie immer schon wichtig. Die artgerechte Haltung und Aufzucht der Tiere auf dem Hof wurde schon lange vor dem Bio-Trend verfolgt. Früchte, Gemüse und das Getreide für das frische Steinofenbrot kommen ebenfalls vom heimischen Feld. Von benachbarten Bauernhöfen stammen die restlichen Zutaten für die saisonal inspirierte Karte. Frisch vom Feld, Baum oder Strauch schmeckt es am besten, deshalb kreiert die Küche in den kalten Wintermonaten warme Eintöpfe und im Sommer phantasievolle leichte Gerichte. Jedes Frühjahr hat eine jahrhundertealte Kochtradition ihren Auftritt: Milchzicklein von den Wacholderheiden des Fränkischen Jura. Regionale Künstler, die ihre Werke im Wirtshaus ausstellen dürfen, verwandeln die gemütliche Stube des Gasthauses immer wieder in eine kleine Galerie.

Informative „Schnapswallfahrt": Verkostung von vier hausgebrannten Schnapsspezialitäten mit korrespondierenden Schmankerln und Wissenswertes rund um das Wirtshaus und die Brennerei.

LAGE

Oberfranken
Kirchehrenbach

BEWERTUNG

♦ ♦ ♦

BESONDERHEITEN

KONTAKT

Gasthaus Sponsel
www.gasthaus-sponsel.de
Gastgeber: Familie Sponsel
Hauptstraße 45
91356 Kirchehrenbach
Telefon: 09191 94448

Gasthaus
WURM

◆ Im Gasthaus-Hotel Wurm in Hirschaid wird Moderne mit der Liebe zur Region gekonnt vereint. Das Wirtsehepaar Georg und Anita Wurm will ihre Gäste mit behaglichen Gasträumen und schmackhafter fränkischer Küche aus dem Alltag entführen. Viele Produkte für die abwechslungsreiche Speisekarte stammen aus der eigenen Landwirtschaft. Kräuter und Kartoffeln werden im Garten gezogen. Was zugekauft werden muss, kommt aus dem fränkischen Umland, denn kurze Lieferwege und der Einkauf beim Erzeuger garantieren nicht nur maximale Frische, sie stärken auch die Wirtschaft der Region – davon sind die Gastgeber überzeugt. Die angebotenen Speisen orientieren sich an der heimischen, saisonalen Küche, sind „typisch fränkisch mit kleinen Seitensprüngen". Rindsrippchen mir Bier-Zwiebel-Chutney oder das „Röbersdörfer Pfännla" mit zarten Schweinemedaillons und Butterspätzle stillen jede Lust nach Fleisch. Das selbst gebackene Bauernbrot aus Natursauerteig wird zu den deftigen fränkischen Brotzeiten gereicht. Auch bei den Nudeln und den Marmeladen fürs Hotelfrühstück wird noch selbst Hand angelegt.

Individuell gestaltete Themenzimmer laden zum Spaziergang über die Blumenwiese ein: Das „Mohnblumenzimmer" punktet mit warmen Rottönen, während das „Maiglöckchenzimmer" in frischem Grün gehalten ist.

LAGE

Oberfranken
Hirschaid-Röbersdorf

BEWERTUNG

BESONDERHEITEN

KONTAKT

Gasthaus Wurm
www.gasthaus-wurm.de
Gastgeber: Anita und Birgit Wurm
Ringstraße 40
96114 Hirschaid-Röbersdorf
Telefon: 09543 84330

Wirtshaus
MAHRS BRÄU

◆ Dunkle Holzvertäfelung an den Wänden, Kachelofen, umlaufende Lamperie, Biertische und Bänke: Im traditionellen Brauereigasthof des Mahrs Bräus ist die Einrichtung noch richtig authentisch – eben genau so, wie sie vor hundert Jahren schon war. Hier lässt man sich das fränkische Soulfood, das von Küchenchef Karl-Heinz Katzenberger und seinem Team kreiert wird, gerne schmecken. Zünftige Brotzeiten mit Schweinskopfsülze, groben Bratwürsten und diversen Käsesorten oder Klassiker der fränkischen Küche werden in der Traditionsgaststätte aufgetischt. Das Schäuferle wird mit Braunbierjus, Sauerkraut und Bauernbrot angerichtet und das Biertreberschnitzel mit Speck-Bier-Zwiebel-Soße, Pommes Frites und gemischtem Salatteller. Und wie es sich für ein fränkisches Wirtshaus gehört, steht von September bis April Karpfen auf der Karte. Die Zutaten für die schmackhaften Gerichte werden fast ausschließlich aus Bamberg oder dem nahen Umland bezogen: Die Metzgerei Konrad Böhnlein liefert Fleisch, Denscheilmann & Wellein sowie die Gärtnereien Konrad und Eichfelder Obst und Gemüse.

Während der Rauhnächte, im Monat Januar, lädt das Wirtshaus zum traditionellen „Stärkantrinken": Mit einem „Seidla" Bier wird die benötigte Kraft für das kommende Jahr angetrunken.

LAGE

BEWERTUNG

♦ ♦

BESONDERHEITEN

Oberfranken
Bamberg

KONTAKT

Wirtshaus Mahrs Bräu
www.mahrs.de
Gastgeber: Stephan Michel
Wunderburg 10
96050 Bamberg
Telefon: 09519 15170

Hotel Gasthof
KRAPP

◆ Am Tor zur Fränkischen Schweiz, im Städtchen Scheßlitz, wird authentisch deftig aufgekocht. Im Hotel und Gasthof Krapp ist mit Wirt Georg Krapp die fränkische Küche im historischen Fachwerkgebäude zu Hause. Das ganze Jahr über stehen den Gästen fünf verschiedene Gaststuben zur Verfügung, während in den warmen Monaten die Sonnenterrasse im Innenhof, überwacht vom historischen Fachwerkturm, zum Verweilen einlädt. Auf der Karte stehen der Bamberger Röstkloß, der gefüllte Frankenbraten mit rohen Klößen und Wirsinggemüse oder die hausgemachten „Schäätzer Windbeutel", die mit Sauerkirschen, Vanilleeis und Sahne gereicht werden. Mit den ganzjährigen Themenwochen und -tagen rund um Spargel, Fisch, Pfifferlinge, Wild und Co. kommen auch Liebhaber saisonaler Schätze nicht zu kurz. Bei der Verfeinerung seiner Gerichte setzt der Wirt und Küchenchef auf Kräuter aus dem eigenen Garten. Auch sonst wird viel Wert auf nachvollziehbare Lebensmittelwege und Regionalität gelegt: Frische Karpfen kommen aus Scheßlitzer Gewässern und Wild aus heimischer Jagd.

Der „Keller(t)raum" bietet sich mit zwei Kegelbahnen und 45 Sitzplätzen ideal für Firmenfeiern oder Kegelturniere an.

LAGE

Oberfranken
Scheßlitz

KONTAKT

Hotel Gasthof Krapp
www.hotelkrapp.de
Gastgeber: Georg Krapp
Oberend 3
96110 Scheßlitz
Telefon: 09542 8066

BEWERTUNG

◆

BESONDERHEITEN

HAGLEITE

◆ Mit Blick auf die trutzige Festungsanlage der Plassenburg sorgt das Restaurant Hagleite für stimmige kulinarische Höhepunkte in Kulmbach. Mit Freude und Herzblut in fränkischer Manier, so führen die Besitzer Günter und Hannelore Limmer, die den Kochlöffel schwingt, das Gasthaus seit knapp siebzig Jahren. Die Küche ist mal gut bürgerlich, mal mediterran, aber immer abwechslungsreich und vor allem schmackhaft. Die Fleisch-Spezialitäten lassen dabei das Herz eines jeden Gourmets höher schlagen – markgräflicher Pfeffertopf mit Roastbeefstreifen, verfeinert mit Johannisbeerlikör, oder das Ochsenkotelett vom Grill suchen Abnehmer. Die hausgemachte Rinderroulade „wie Großmutter sie kochte und Großvater sie mochte" und andere traditionelle Festtagsgerichte locken sonntags in die Hagleite. Dem kulinarischen Kalender folgend, sind bayerische Feiertage wie Aschermittwoch, Karfreitag oder Ostersonntag dem Fisch beziehungsweise dem Zicklein gewidmet. Die traditionelle Zubereitung von Stockfisch nach Altkulmbacher Art ist eine Rarität und muss definitiv probiert werden.

Bierfreunden sei die Teilnahme an der „Heiteren Kulmbacher Bierprobe" empfohlen: Nach der titelgebenden Verkostung geht es zur „Zapferprüfung"; wer dabei Können beweist, bekommt eine signierte Brauerschürze.

LAGE

Oberfranken
Kulmbach

BEWERTUNG

◆ ◆

BESONDERHEITEN

KONTAKT

Restaurant Hagleite
www.hagleite.de
Gastgeber: Günter Limmer
Matthäus-Schneider-Straße 6
95326 Kulmbach
Telefon: 09221 4231

Braugasthof
DER GROSCH

◆ Was würden andere Wirtshäuser dafür geben, erzählen zu können, dass Martin Luther hier persönlich zu Speis und Trank eingekehrt ist. Der Braugasthof Grosch in Rödental hat es sich nicht nehmen lassen, seinem wahrscheinlich bekanntesten Gast eine Bierspezialität zu widmen: Schon seit 15 Jahren wird der eigene, bernsteinfarbene Luthertrunk zu fränkisch-regionalen Speisen ausgeschenkt. Mit drei Biersommeliers hat sich die Gastgeberfamilie Pilarzyk ganz dem herben Getränk verschrieben. Selbst die Spezialität auf der Karte, das „Grosch Bierleberle", geschnetzelte Geflügelleber in Zwiebel-Bier-Speck-Soße mit Röstzwiebeln und Bratkartoffeln, kann davon ein Lied singen. Doch Grosch überzeugt nicht nur mit seiner Bierbraukunst, auch vegetarische Köstlichkeiten sind vom kulinarischen Kalender inspiriert und eine Punktlandung, wie das Rote-Bete-Carpaccio mit Linsensalat und marinierten Steinchampignons beweist. Kreationen wie der Luthertrunk-Senf, verschiedene Bier-Gelees, diverse Biersorten und Bierlikör können auch für daheim erworben werden.

Regelmäßig sorgt der Braugasthof mit dem „Bierkulinarium" für süffige Einblicke in die Trinkgeschmäcker und -bräuche anderer Länder.

LAGE

Oberfranken
Rödental

BEWERTUNG

◆ ◆

BESONDERHEITEN

KONTAKT

Braugasthof – Der Grosch
www.der-grosch.de
Gastgeber: Kerstin Pilarzyk
Oeslauer Straße 115
96472 Rödental
Telefon: 09563 7500

SEITE / GASTHÄUSER

UNTERFRANKEN

Landgasthaus

DER BRUNNENHOF

◆ Idyllisch ist es in Unterfranken und ganz besonders nahe des Handthaler Stollbergs, der höchsten Weinlage Frankens, wo der Brunnenhof malerisch in der grünen Landschaft sitzt. Der Gasthof wird nach einer einfachen Philosophie geführt: Den Gästen soll ein Stück Heimat auf den Teller gezaubert werden. Über die Jahre hat man sich im Brunnenhof immer mehr der Regionalität und Nachhaltigkeit verschrieben. Die ausgezeichnete saisonale Küche setzt auf Produkte aus der nahen Umgebung, denn kurze Lieferwege garantieren maximale Frische. Auch die Spezialität des Hauses – Bachsaibling „nach Art der Handthaler Winzer" in Silvanersoße mit Weintrauben – kommt fangfrisch aus dem hauseigenen Bassin. Neben Klassikern wie dem Wiener Schnitzel können Experimentierfreudigere das Truthahngeschnetzelte „exotisch" probieren, das mit Tomaten-Curry-Rahmsoße und verschiedenen Früchten daherkommt. Die große Vesperkarte verdient Beachtung: Hausgemachtes Hubertus-Griebenschmalz, feine Wildsülze oder die reichhaltige Handthaler Winzerplatte erfreuen jeden Brotzeitmacher.

Ob Krimi-, Kabarett- oder Glamour-Dinner: Ein erlesenes Menü sorgt in der Kombination mit Gesang und Nervenkitzel für den rundum gelungenen Abend.

LAGE

Unterfranken
Oberschwarzach

BEWERTUNG

◆ ◆ ◆

BESONDERHEITEN

KONTAKT

Landgasthaus Der Brunnenhof
www.der-brunnenhof.de
Gastgeber: Christian Hemmert
Handthal 6
97516 Oberschwarzach
Telefon: 09382 99828

Gasthaus
ZUM STERN

◆ Mitten im Weindreieck um Würzburg liegt das Gasthaus zum Stern, das passend zum fränkischen Weinland mit gut drei Hektar Weinbergen ausgestattet ist. Ehrensache also, dass die Familie Staudt auch zu den örtlichen Winzern gehört und ihren eigenen Wein produziert. Küchenchef Bernd Staudt legt am Herd viel Wert auf Tradition, wagt aber trotzdem den Blick über den fränkischen Tellerrand hinaus. Gerichte, die nach von Generation zu Generation weitergegebenen Rezepten gekocht werden, wechseln sich mit modernen kulinarischen Kreationen ab. Die Mostsuppe mit Croûtons oder die mit Birne und Gorgonzola überbackenen Schweinelendchen sollte man probieren. Nicht fehlen darf die hausgemachte Sulzfelder Meterbratwurst, die im Stern in vielen Variationen – ob an Sauerkraut, „blau" oder mit Kloß – serviert wird. Die frischen Zutaten stammen dabei fast ausschließlich von regionalen Anbietern. Eine Auswahl der aktuellen Lieferanten findet der interessierte Gast auch auf der Speisekarte.

Eine unschlagbare Kombination: die meterlange Bratwurst und ein Glas Wein aus eigenem Anbau.

LAGE

Unterfranken
Sulzfeld am Main

BEWERTUNG

◆ ◆

BESONDERHEITEN

KONTAKT

Gasthaus zum Stern
www.stern-sulzfeld.de
Gastgeber: Bernd Staudt
Peuntgasse 5
97320 Sulzfeld am Main
Telefon: 09321 133550

WEINSTUBEN JULIUSSPITAL

◆ Die Gastwirte Edith und Frank Kulinna betreiben nun seit
über 15 Jahren die Weinstuben des Juliusspitals. Als passionierter
Angler und Jäger legt der Weinstubenwirt sein besonderes Augenmerk auf Fisch- und Wildgerichte. In hauseigenen Bassins warten
– sorgsam umhegt – Forellen, Karpfen, Hechte und Waller auf
ihren Einsatz. Auf der Speisekarte kommen natürlich auch die
kulinarischen Schätze aus Frankens Wäldern groß raus: Das servierte Wild stammt ausschließlich aus dem Spessart oder aus dem
Steigerwald. Für die perfekte Ergänzung zum zarten Wildgulasch
oder dem langsam geschmorten Braten vom Fränkischen Wildschwein sorgen die erlesenen Weine des Weinguts Juliusspital.
„Schoppenweine", Winzersekt und edelsüße Raritäten des zweit-
größten Weinguts Deutschlands hält der Weinkeller für Kenner
bereit. In ihren teilweise sehr unterschiedlich gestalteten Räumlichkeiten vereint die Weinstube Weintradition mit modernem
Ambiente und erzeugt so die passende lauschige Atmosphäre
sowohl für einen kurzweiligen Weingenuss als auch für einen aus-
gedehnten Aufenthalt.

Liebevoll gestaltet mit Olivenbäumchen und gediegener Holzmöbilierung
wird die Sonnenterrasse der Weinstuben zu einer kleinen fränkischen
Oase.

LAGE

Unterfranken
Würzburg

BEWERTUNG

◆ ◆

BESONDERHEITEN

KONTAKT

Weinstuben Juliusspital
www.weinstuben-
juliusspital.de
Gastgeber: Frank Kulinna
Juliuspromenade 19
97070 Würzburg
Telefon: 0931 54080

Hotel Dösch

BAYERISCHER HOF

◆ Noch bis 1969 als Wohnhaus und Buchdruckerei genutzt, ist das Restaurant Bayerischer Hof in Bad Kissingen heute Anlaufstelle für Feinschmecker aus der Umgebung. Die Verbundenheit mit der Region schlägt sich auch in der Entscheidung für heimische Produkte nieder. Im Bayerischen Hof werden nur Lebensmittel regionaler Erzeuger verwendet. Fleisch, Eier, Nudeln, Obst und Gemüse: Alles kommt aus dem Umkreis und hat nicht zuletzt durch die kurzen Transportwege die bestmögliche Qualität. Regionale, aber auch internationale Spezialitäten werden frisch und ohne Geschmacksverstärker zubereitet. Lässt es das Wetter zu, wird der große Spanferkelgrill im angrenzenden Biergarten angeheizt. Plant man eine Feier oder auch nur einen geselligen Abend in größerer Runde, kann man den Grill auch für ein privates Spanferkelessen nutzen – zum knusprigen Ferkel werden zahlreiche Beilagen gereicht. Daneben sorgen diverse Fischgerichte wie das gebratene Heilbuttfilet auf Apfel-Lauch-Gemüse oder vegetarische Speisen wie die „Fränkische Nudelpfanne", dass man auch an gewöhnlichen Werktagen zufrieden und glücklich nach Hause geht.

Eine eigene Kurabteilung bietet Massagen aller Art, medizinische Kräuterbäder und verschiedene Mooranwendungen.

LAGE

Unterfranken
Bad Kissingen

BEWERTUNG

BESONDERHEITEN

KONTAKT

Hotel Dösch Bayerischer Hof
www.doesch-kg.de
Gastgeber: Jürgen Dösch
Maxstraße 9/11
97688 Bad Kissingen
Telefon: 0971 5270

FISCHERHÜTTE EDWIN

◆ Das Fischlokal vor den Toren des UNESCO-Biosphärenreservats Rhön ist schon lange kein Geheimtipp mehr. Direkt am Bachlauf der Sonder taucht die Fischerhütte Edwin mit ihrer modernen, luftigen Architektur aus dem saftigen Grün der Bäume auf. Idee und Name für das Fischrestaurant stammen vom Urgroßvater der heutigen Pächter. Die eigene Rhönforellenzucht wird vom kristallklaren Wasser des Sonderbachs gespeist und liefert die Fische, die als Rhönforelle „nach Art der schönen Müllerin" oder als Filets mit frischen Champignons, Tiefseegarnelen, buntem Wurzelgemüse und einer holländischen Soße auf den Teller kommen. Der Vorspeisenteller „Opa Edwin" vereint auf einer Platte selbst geräucherte Fischspezialitäten an verschiedenen Soßen, Butter und Weißbrot. Die selbstgeräucherten Rhönforellen können auch für daheim erworben werden. Auch wenn sich in der Fischerhütte in erster Linie alles um den Fisch und seine perfekte Zubereitung dreht, kommen Fleischesser und auch Vegetarier hier keinesfalls zu kurz. Saisonale Zusatzkarten sorgen für weitere Abwechslung.

An Sonn- und Feiertagen eine Sünde wert: selbstgebackene traditionelle Kuchen vom Blech wie der „Rhöner Ploatz".

LAGE

Unterfranken
Ginolfs

BEWERTUNG

◆ ◆ ◆

BESONDERHEITEN

KONTAKT

Fischerhütte Edwin
www.fischerhuette-edwin.de
Gastgeber: Christopher Herbert
Herbertsweg 1
97656 Ginolfs
Telefon: 09774 858338

ORTSREGISTER

Ort(Stadtteil)-Gemeinde, Landkreis

BILDNACHWEIS

Bratwurst Röslein: S. 7

D. Mohr Markenbildung: S. 135, beide Bilder

Eisenberg & Prokic: S. 97, beide Bilder

Veronika Flamensbeck: S. 205

Christian Grimm: S. 123 unten

Petra Kellner: S. 225 oben

Thomas Krämer: S. 133 oben

mediaMeans: S. 33, beide Bilder

Sam Palandech: S. 139 oben

Rauchbauer & Partner Werbeagentur GmbH: S. 163 oben

Matthias Rotter: S. 273 oben

Jürgen Schmücking: S. 117, beide Bilder

Stefan Stuemer: S. 267, beide Bilder

StMELF/Moritz Hoffmann: Coverbild, S. 181 (beide Bilder), S. 187 oben,
S. 201 oben, S. 221 oben, S. 223 (beide Bilder)

Sofern nicht anders angegeben, liegen die Rechte an allen anderen Bildern
beim jeweiligen Gasthaus.